우리는 무엇을 사야 하는가

부의 도약을 위한 성장주 12

우리는 무엇을
사야 하는가

일에일북

정교한 가치투자를 위하여

2000년대 중반 펀드 열풍이 불었고 이채원 펀드매니저를 비롯한 여러 스타 펀드매니저들이 탄생했다. 그들의 투자 전략은 '저평가 우량주 선매입'으로 정의할 수 있을 것이다. 그러나 2009년 글로벌 금융위기는 이러한 주식형 펀드 붐에 찬물을 끼얹었다. 수많은 액티브형 펀드들은 위풍당당했던 그 출발과 달리 안타까운 성적을 보여주었다. 이후 펀드매니저를 더 이상 못 믿겠다던 수많은 직장인은 직접 투자를 시작했고 금융위기 회복 국면과 맞물려 높은 수익률을 거두게 되었다.

그 결과 자신만의 철학과 논리로 무장한 슈퍼개미들이 탄생했고, 이들은 자본시장의 영웅으로 추앙받으며 개인 투자

열풍을 더욱 부추겼다. 애석하게도 이후 10년간 코스피는 '박스피'라는 오명을 씻지 못한 채 지지부진한 흐름을 이어갔지만 말이다.

그러나 코로나19 이후 유례없는 상승장은 또 한 번 개미 열풍을 불러왔다. 주식투자 관련 도서가 전국 서점가를 점령했고, 경제 유튜버들이 각광을 받기 시작했다. 그것도 잠시, 이내 유동성 축소 이슈는 다시금 증시에 찬물을 끼얹었다. 그럼에도 개인들의 주식투자 명맥은 끊어지지 않았다. 많은 이들이 서슬 퍼런 계좌 수익률을 한숨을 쉬고 있지만 때를 관망하며 기다림을 자처하고 있을 따름이다. 그들은 증시 반등장이 시작될 때 다시 한번 전투에 참전할 준비가 되어 있다. 그때가 언제가 될진 누구도 장담할 수 없지만 말이다.

여하튼 동학개미운동이 본격적인 코스피 3000 시대를 열진 못했지만 개인 투자자들의 집단 지성 향상에는 명백히 기여했다. 그 결과 투자자들은 적어도 재무제표가 중요하다는 점을 인정하며 가치투자가 증시에서 살아남는 좋은 전략임에는 공감한다. 그들은 적어도 가치투자를 '지향'하려고 노력한다. 시시때때로 테마주의 유혹에 이끌리기도 하지만 말이다. 그럼에도 불구하고 가치투자가 뭐냐고 대뜸 물어본다면 입이 쉽게 떨어지지 않는 게 사실이다.

가치투자란 결국 실적 '상승'이 기대되는 기업을 선별해서 상승된 실적이 주가에 반영되기를 기다리는 모든 행위를 뜻한다. 여기서 중요한 것은 '상승'이란 단어다. 많은 사람은 현재의 재무제표가 우량한 기업들을 선정하려 하지만 '기대' 실적이 우수한 종목을 선별하는 단계까지 나아가지 못한다. 이를 위해서는 지적 창의력이 필요하며 자기 신뢰가 기반되어야 하기 때문이다.

2000년대 후반까지만 해도 단순 저PER 종목의 매입 전략은 유효했다. 그때까지만 해도 투자자의 집단 지성이 낮았고 증시가 성숙되지 않았기에 실적과 가격의 괴리율이 상당했기 때문이다. 그러나 시간이 흘렀고 괴리율이 상당 부분 메꿔짐에 따라 단순 저평가 우량주 매입 전략은 효용을 잃었다. 예를 들어 PER이 2배가 넘지 않으며 해마다 2천억 원 이상의 영업 이익을 벌어들이는 이마트의 주가는 10년째 제자리걸음이다. 그것은 S-OIL 등의 정유주와 신한지주 등의 은행주 또한 마찬가지다. PBR이 1 미만에 머무른 채 주가마저 바닥을 기고 있는 수많은 자산주는 또 어떠한가. 청산 가치가 현 주가보다 높다고 주장해봤자 그저 공허한 메아리일 뿐이다.

반면 같은 기간 6배 이상 상승한 셀트리온, 삼성바이오로직스 등의 바이오 종목과 10배 상승한 케이엠더블유 등의 통신장비 종목도 있다. 이들 기업의 특징은 산업 전체가 비약적으로 성장하는 변곡점에 위치해 있었다는 특징이 있다. 인간은 보통 성장기인 13세에서 18세 사이에 골격이 가장 빠른 속도로 자라난다. 법인이라는 유기체로 구성되어 있는 산업 생태계 또한 마찬가지다. 분명 산업 전체의 모멘텀이 강력한 특정 시기가 존재한다. 이 시기에 투자자들의 상상과 욕망을 먹이 삼아 해당 종목의 주가는 빠른 속도로 상승하고, 산업이 성

▲ GS리테일 주가차트

2014~2015년 이후 3배 이상 상승했지만 시간이 흐르며 2년의 상승분을 모조리 반납했다.

숙기에 접어들면 주가는 다시 박스권에 머무르게 된다.

이에 가장 적합한 예가 바로 편의점 주식이다. GS리테일의 주가는 2014년과 2015년 3배 이상 상승했지만 이후 2년의 상승분은 모조리 반납했다. 2014년은 '1인 가구'라는 말이 유행처럼 번지며 그로 인한 라이프스타일의 변화가 언론

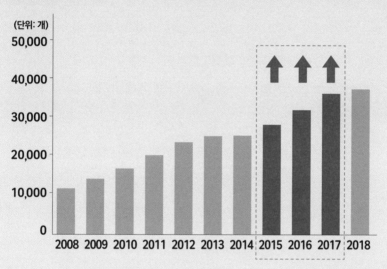

편의점 점포 수 추이

(단위: 개)

자료: 〈인베스트조선〉

에 매일 같이 보도되던 시기였다. 그리고 해당 시기에는 BGF 리테일과 GS리테일 양 사는 은퇴 직장인들의 노후자금을 거 름 삼아 공격적으로 점포를 늘려갔고 매출액은 가파른 속도 로 증가했다.

그러나 내수 유통 중심의 경기 방어주인 편의점 주식의 한계는 명확했다. 지역당 편의점이 늘어남에 따라 양 사 간 경쟁은 치열해졌고, 과도한 출점 경쟁에 따른 마케팅 비용 상승으로 수익성은 악화되어 갔다. 산업이 급격히 성숙기에 접어든 것이다. 그 2년여의 시간이 곧 편의점 주식의 골든타임이었음을 알 수 있다.

다른 산업 또한 마찬가지다. 성장기의 아이처럼 그 산업이 폭발적으로 성장할 골든타임이 존재한다. 누구나 시장 앞에서 겸손해야 하지만 이는 예측을 게을리하라는 말과는 다르다. 현재의 견고한 실적은 주가의 하단에 대한 명분을 제시해 잃지 않는 투자를 할 수 있도록 도와준다. 하나 견고한 실적만이 전부는 아니다. 견고한 실적을 갖춘 기업 중에서도 산업의 골든타임에 위치해 실적이 폭발적으로 상승할 모멘텀을 갖춘 종목을 추려내야 한다. 이른바 '정교한 가치투자'가 필요한 것이다. 상상의 힘을 깨워야 한다.

'정교한 가치투자'라는 말이 번지르르하고 거창하게 들릴 수도 있겠다. 그러나 정교한 가치투자가 그다지 어렵지 않다는 것이 이 책의 주제다. 그리고 게임 산업이 그 골든타임에 위치해 있다는 것이 전서『게임주 빅뱅』의 주제였다.

이 책은 초보 투자자도 쉽게 이해할 수 있도록 불필요한 정량적 재무정보를 배제하고 간단한 투자 아이디어를 통해 해당 기업의 성장 시나리오를 서술함으로서 독자들의 투자 사고력을 증진시키기 위해 저술했다. 엑셀 VBA, 파이썬 등의 프로그램 없이도 정교한 가치투자는 응당히 가능하다. 이 책을 통해 가치투자의 '재미'를 알게 되기를 진심으로 바란다.

김단

──────── PART 1 ────────

가치투자를 위한
마인드셋

──────────── PART 2 ────────────

부의 도약을 위한 성장주, 어떻게 찾을 것인가?

──────── PART 3 ────────

부의 기회는
인플레이션 너머에 있다

가치투자를 위한 마인드셋

당신이 투자에
실패한 이유

누구나 손실 회피 성향이 있다

20만 년간 인류가 탄생한 이래로 우리가 전기와 함께 살아간 기간은 채 0.08%에 불과하다. 진화 심리학의 관점에서 보면 우리는 여전히 구석기 시대의 뇌를 갖고 메타버스 시대를 살고 있는 셈이다. 구석기 시대 우리의 선조들은 맹수의 위협, 자연재해, 종족 간의 분쟁 등 언제 죽어도 이상하지 않은 매우 위험한 세상을 살고 있었다. 매일매일 발생하는 위협에 대응하기 위해 그들은 피해와 손실에 지독히도 예민하게 반응하

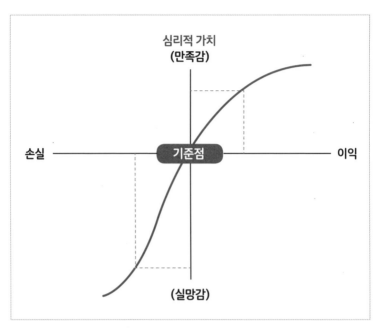

심리적 가치
(만족감)

손실 ——————————— 기준점 ——————————— 이익

(실망감)

▲ 대니얼 카너먼의 가치 함수

도록 뇌를 다듬어나갔다. 심지어 생후 7개월의 갓난아기조차 긍정적인 기억보다 부정적인 기억을 몇 배 이상 더 잘 기억한다는 연구 결과가 있다. 본전 심리, 손실을 피하고 싶어 하는 겁, 기회를 놓칠 것만 같은 두려움 등 이 모든 것을 심리학계는 '손실 회피 성향'이라 부른다.

노벨 경제학상을 받은 행동 경제학자 대니얼 카너먼의 가치 함수 그래프를 보면 좌우 비대칭의 S자 모양이 나오는데, 이익보다 손실 쪽의 그래프가 2배 이상 더 가파른 기울기를 보인다. 좌측 손실 쪽의 그래프가 더 가파르다고 함은 우리가 이익을 거둘 때보다 손실을 얻을 때 2배 이상 마음이 아프다는 사실을 증명한다. 간단히 말해 우리는 이익을 물론 좋아하지만 손실을 굉장히 혐오하는 것이다.

투자에 실패하는 이유

우리가 투자에 실패하는 대부분의 원인은 바로 이 '손실 회피 성향' 때문이다. 손실을 보는 것을 두려워하는 마음이 왜 투자에 실패하는 이유가 되느냐고 누군가는 의문을 던질 것이다. 이 의문에 대해 나는 대다수가 용기를 부려야 할 때 겁을 내고, 겁을 내야 할 때 용감해지기 때문이라고 대답하고 싶다. 자신이 선택한 기업이 잘못된 길을 걷고 있다면 자신의 판단 착오를 인정하고 주식을 정리해야 한다. 그러나 어떤 사람은 그러질 못하고 도처에 깔린 수많은 기회를 놓쳐버리고 만다. 이들이 그렇게 행동하는 이유는 '손실'이 '현실'이 되는 것이 너무도 두렵기 때문이다.

반대로 또 어떤 이들은 수많은 정보를 취합해서 그럴듯한 결론을 내렸으나 새로운 정보를 단 하나도 '놓치기' 싫어 게걸스럽게 섭취하고 이내 다른 주식으로 갈아탄다. 사실 후자의 경우가 개인 투자자들 사이에서 더욱 빈번하게 일어난다. 결국 우리의 문제는 지나친 조급함인 것이다.

가치투자를 한다는 것은 기업이라는 유기체가 변화하는 과정을 기다려주는 것을 뜻한다. 그 아무리 정교한 가치투자라 할지라도 말이다. 그러나 변화는 2~3개월 안에 이루어지지 않는다. 내가 조급하게 다른 주식으로 갈아타자 원래 매수했던 종목이 상승하기 시작하는 것을 지켜본 경험이 있을 것이다. 이 상황에서 누구나 가슴 깊은 곳에서 울화가 치민다. 손실 회피 성향이 발동되는 것이다. 그리고 자신이 마땅히 얻어야 할 수익을 손해 봤다고 생각하며 성급히 또 다른 주식으로 갈아타버린다. 개인 투자자가 반복하게 되는 무한궤도다. 이를 통해 결국 매매 수수료를 거두는 증권사의 배만 불려주고 만다.

2016년 금융투자협회가 국내 주식형펀드 평균 수익률 상위 1~10위 운용사의 매매회전율을 집계해보니, 1~3분기 기준으로 평균 143.89%를 기록한 것으로 나타났다. 협회가 집계하는 운용사 46곳의 매매회전율 평균 213.18%와 비교하면 수익률이 높은 펀드들의 매매 빈도수는 전체 평균의 2/3 수준에 불과했다. 즉 매매를 적게 한 펀드매니저가 더 높은 수익률을 거두었던 것이다.

그렇다면 개인 투자자들은 왜 그렇게 매매를 자주 할까?

첫 번째는 '중독'되었기 때문이고 두 번째는 '불안'하기 때문이다.

무언가를 욕구하게 만드는 호르몬인 도파민은 불확실한 것에 최대로 반응한다. 그래서 우리가 도박에 쉽게 중독되는 것이다. 오전 9시부터 오후 3시 반까지 나열된 주식 창의 종목의 그래프는 실시간으로 오르락내리락 변화한다. 딱히 변동할 이유가 없다는 걸 알면서도 우리는 주식 창을 보는 것을 멈출 수 없다. '중독'되었기 때문이다. 신호등을 앞에 두고 빨간색 파란색 네모 칸을 빨려 들어갈 듯 바라보는 누군가는 마치 슬롯머신 앞 도박 중독자처럼 보이기도 한다. 시세에 '중독'이 되면 시야는 어두워진다.

중독 연구자인 워런 K. 비클의 연구에 따르면 마약성 진통제인 오피오이드에 중독된 사람들은 미래를 평균 9일로 표현했고, 건강한 사람들은 미래를 평균 4.7년으로 표현했다고 한다. 사람은 무언가에 중독되면 중독될수록 현재 상황을 과도하게 인식해 미래를 인식하는 호흡이 짧아지는 경향이 있는 것이다.

일단 중독이 시작되면 그들의 시야는 좁아져 더욱더 시세 창에 매몰된 하루를 보내게 된다. 워런 버핏의 집무실에는 주식 차트 창이 없다고 한다. 그는 스스로를 중독에 몰아넣지 않기 위해 절제를 택한 것이다.

관건은 판단, 믿음, 기다림

우리는 성장기에 들어서기 전인 유년기에 해당하는 기업을 골라 그들이 건장한 성인으로 자라나기 직전까지 기다려야 한다. 그러나 매 분기 유년기에 위치한 기업들을 끊임없이 갈아타게 되면 그것들이 성장할 때 얻는 과실을 온전히 누릴 수 있겠는가.

투자에 성공하기 위해서는 성장판이 최대로 열린 기업들을 신중하게 선택하고, 자신의 판단에 확신이 단단해질 때까지 면밀하게 조사하고, 투자한 뒤 그저 마음을 비우고 기다려야 한다. 성장판이 열린 유년기의 주식은 언젠가 어떤 형태로든 결국 성년이 된다. 각자의 속도와 형태와 궤도가 다를지언정 주식의 성장판이 열려 있다면 소년의 키가 자라는 것처럼 재무제표가 자라나고 이는 곧 주가로 연결될 것이다. 이 믿음에 대해 종교처럼 확신을 가져야 한다. 우리에게 필요한 것은 정밀한 판단, 믿음, 기다림, 이 세 가지뿐이다.

전업투자자가 상대적으로 실패할 확률이 높은 것은 그들에게 투자가 곧 '직업'이기 때문이다. 우리의 일상에서 가장 많은 시간을 지배하는 행동 양식을 일컬어 '직업'이라 부른다. 그러나 기다림을 직업으로 삼을 수 있을 만큼 내공이 깊은 투자자는 드물다. 대다수는 직업이니만큼 성과를 내야 한다는 강박을 갖고 끊임없이 행동하려 한다. 그래서 많은 전업투자자는 본성을 이기지 못해 지나치게 자주 매매하게 되고 유년기의 주식들 사이에서 헤매다 손실을 입고 만다. 이 손실을 만회하기 위해 과욕을 부르고 더 큰 손실의 수렁에 빠진다. 그래서 우리는 시간에 대한 관념을 늦춰줄 노동 소득이 필요하고, 꼭 노동 소득이 아니더라도 자신의 행동 강박을 억제해줄 취미라도 가져야 하는 것이다.

월스트리트의 전설적인 투자가이자 '월가의 영웅' 피터 린치는 투자에 앞서 먼저 직감을 '무시'하는 법을 단련하라고 조언한다. 매수가 이루어지기 전까지는 해당 기업의 재무제표를 꼼꼼하게 따지고 성장 시나리오를 그려보고 자신의 생각을 검증하는 절차가 필요하다. 이 절차를 마친 다음 우리는 여러 가지 투자 정보로부터 스스로를 고립시켜야 한다. 우리가 취사선택해야 할 정보는 우리가 설계한 시나리오대로 기업이 작동하고 있는지에 대한 정보뿐이다. 시나리오의 최소 기간은 6개월이다.

선택했다면 정보의 섭취는 이것으로 충분하며 일주일에 한 번 정도 검색하는 것으로 족하다. 그리곤 노동 소득을 통해 시드(seed)를 불리는 데 집중해야 한다. 그것이 부에 최적화된 삶의 포트폴리오 분배다. 노동 소득을 절대 폄하해서는 안 된다. 노동 소득은 시드의 원천임과 동시에 심리적 균형을 맞춰 주는 훌륭한 매개체다.

비우는 자세가 필요하다

우리가 어떤 영역의 수행 능력을 키우기 위해서는 노력의 양을 늘려야 한다. 그러나 예외적으로 투자의 영역에 있어서 채우는 것보다 중요한 것이 바로 비우는 자세다. 사람들은 무작정 정보를 섭취하고 계속 무언가를 변화시키려 노력하기 때문에 투자에서 자주 실패한다. 그래서 한 시대를 풍미한 지식인인 아이작 뉴턴도 투자로 재산의 절반을 잃고 만 것이다. 그는 채우는 데 능했으나 비우는 데 미숙했기 때문이다.

'결정'이라는 단어 'decision'은 '자르다'는 뜻의 라틴어 'cis'에서 파생되었다. 결국 결정이라는 것은 그 결정을 위해 불필요한 부분을 잘라내는 행위다. 정보를 섭취하고 내면화하고 사유하는 과정은 결정 전에 끝내야 하며, 결정 이후에 필요한 것은 믿음과 기다림이다.

이 책의 목적은 나의 시나리오를 여러분과 공유함으로써 여러분의 결정 '전' 단계에 있어 상상력을 늘리는 데 보탬이 되기 위함이다. 투자는 축적된 지식으로 최적을 선택해 새로운 지식을 거부하는 것으로 종결된다. 이 책을 거치대 삼아 결정을 내리고 기다림의 미학이 결실을 거둘 수 있기를 기원한다.

주식은 상상을 먹고 자란다

성패를 결정 짓는 미래 시나리오

주식은 상상을 먹고 자란다. 그래서 주식의 가치를 평가하는 기준은 기업이 미래에 거두어들일 수익이다. 현재 벌어들이는 영업이익도 물론 중요하지만 그보다 중요한 것은 미래에 얼마나 많은 돈을 벌어들일 수 있느냐다. 그래서 같은 수준의 영업이익을 벌어들이는 종목일지라도 시가총액이 판이한 것이다.

HMM는 2021년 한 해 7조 4천억 원의 영업이익을 거두어들인 반면 카카오는 6천억 원의 이익을 벌어들였다. 그런데 9월 28일 기준 HMM의 시가총액은 9조 5천억 원인 반면 카카오의 시가총액은 25조 3천억 원에 달한다. HMM은 현재 카카오에 비해 10배가 넘는 많은 돈을 벌어들이고 있으나 미래의 성장 가능성에 대해서 투자자들은 의문 부호를 던진 것이다. 투자라는 게임은 본디 미래를 예측하는 게임이다. 자신이 그린 미래의 시나리오가 얼마나 정확한가를 판가름하는 경기인 것이다.

자산 가치가 훌륭한 고PBR주를 선호하는 투자자들도 있다. 그러나 이 투자는 잃지 않을지언정 큰 수익을 거두기는 힘들다. 부동산을 포함한 자산을 2조 원가량 보유한 서부T&D의 PBR은 0.8배에 불과하다. 또한 이마트의 PBR은 0.4배에 불과하다. 그러나 이들 두 종목의 주가는 5년째 제자리걸음이다.

각 기업이 자산을 얼마나 보유하고 있느냐 하는 것은 투자의 안전장치로 중요하다. 그러나 장부 가치가 가장 중요하게 인식될 때는 기업이 청산될 때다. 기업이 청산될 때 채권자와 투자자에게 비율대로 이들 자산을 분배하기 때문이다. 그렇기에 PBR은 주식 가격의 최종 방어선의 역할을 할 뿐 주가의 업사이드를 담당하지는 않는다. 더욱이 기업이 사업을 확장하는 데 드는 비용이 극도로 축소되고 있는 한계비용 제로 사회에서는 기업의 청산 가치보다 각 기업의 미래 수익 가치가 훨씬 더 중요해졌다. 그래서 IT 기반 스타트업들이 수백억 원의 적자를 내면서도 수조 원의 가치로 인식되는 것이다.

더구나 우리가 애초에 해산될 위험이 없는 영업이익을 꾸준히 창출하고 있는 주식을 선택한다면 장부 가치의 역할은 극도로 축소될 것이다. 이들 기업에게 장부 가치는 이익을 창출할 생산수단일 뿐이다. 그래서 우리가 이마트에 투자한다면 중점적으로 봐야 할 부분은 토지와 건물의 가치가 아닌 온라인 플랫폼의 성장률이다. 결국 한 종목으로 큰 수익을 내기 위해 가장 중요한 것은 미래 실적의 확장력이다. 우리는 큰 수익을 위해 노년기에 접어든 주식이 아니라 아직 미성숙하지만 단단한 골격이 있는 우량아를 심혈을 기울여 선택하고 노동 소득으로 평정을 유지한 채 기다려야 한다.

그렇다고 몇몇의 바이오 신약 업체처럼 실적 기반이 전혀 없는 주식은 피해야 한다. 무엇보다 잃지 않는 것이 중요하기 때문이다. 현재 골격이 단단한, 즉 이익 기반이 있는 사업체 중에서도 성장판이 활짝 열린 주식을 택해야 투자 성공의 확률은 올라간다. 그리고 업사이드가 큰 종목 중 그 업사이드가 이미 주가에 반영된 종목을 배제시켜야 한다.

기업이 빠른 속도로 성장하기 위해서는 우선 사업 확장에 드는 비용이 적어야 한다. 그래야 빠른 속도로 사업을 확장해 실적에 반영시킬 수 있기 때문이다. 그래서 책에 서술할 기업은 IT, 게임, 콘텐츠 기업에 집중되어 있다. 이들 사업군의 특징은 가장 빠른 속도로 성장할 수 있다는 것과 동시에 산업 자체의 모멘텀이 뚜렷하다는 점이다. 기관 투자자들은 유망 섹터 단위로 먼저 거시적으로 점검하고 그 섹터 내 유망 종목에 집중적으로 투자하는 패턴을 보이기에 산업 전체가 유망할수록 수급 상황이 좋아질 가능성이 크다. 다시 말해 우리는 시대의 변화와 함께하는 기업을 택해야 한다.

시나리오를 바탕으로 한 성공의 과실

앞서 투자는 기다림의 예술이라고 말했다. 마음 편하게 기다리기 위해서는 자신이 상정한 시나리오가 구체적이어야 한다. 운이 좋을 사람은 한 종목으로 2배의 수익을 거두지만 그 이상을 거두는 경우는 보기 힘들다. 그 2배에 만족해 주식을 매도하기 때문이다. 그리고 주가가 3배 이상 상승하는 것을 보며 '왜 팔았지…' 아쉬워한다. 그들이 기다리지 못한 이유는 자신만의 시나리오가 구체적이지 않았기 때문이다. 시나리오가 구체적일수록 사람들은 자신의 시나리오와 현실을 비교하

▲ 셀트리온의 주가차트
셀트리온은 2017년을 기점으로 5배 상승했다.

며 오래도록 기다릴 수 있다.

2017년 셀트리온이 5배 상승할 동안 그 수익률을 온전히 섭취한 이들은 소수에 불과하다. 셀트리온이 개발 생산하는 자가면역질환 치료제 램시마가 유럽 및 미국 시장에 침투하고, 차기 바이오시밀러 상품들이 선전하는 시나리오를 구체적으로 그려본 이들은 시나리오를 상정하고 투자하기에 인내할 수 있었다. 소수의 투자자는 매수한 뒤 각자의 시나리오를 공유하고 유대의식을 갖는 과정을 지속했다. 그렇기에 그들은 서로를 믿고 단단한 마음으로 기다릴 수 있었던 것이다. 그렇게 그들은 자신들의 확증 편향을 신념으로 치환시켰다. 그러나 시나리오가 없는 이들은 고작 2배 수익으로 포만감에 취해 주식을 섣불리 매도하고야 말았다.

가치투자의 관점에서 이 주식이 2배 올랐냐 3배 올랐냐 하는 것은 중요하지 않다. 이 관점에서 판단의 기준은 오직 미래의 재무제표에 찍힐 실적뿐이다. 매도는 시나리오가 만개했을 때 해도 늦지 않다. 사람들은 직접 작성한 시나리오를 더욱 굳게 믿는 성향을 갖고 있다. 그래서 이 책의 내용을 참고해 그 위에 자신의 사고와 판단을 덧대어 시나리오를 더욱 단단하고 구체적으로 가꾸어나가야 한다. 그래야 기다리던 과실을 놓치지 않을 수 있을 것이다.

주가 상승의 메커니즘

주가는 실적에 수렴한다

주식의 가격은 언젠가 기업의 실적에 수렴한다. 이것이 바로 가치투자자들이 가진 가장 근본적인 믿음이다. 이 믿음을 단단하게 견지하고 행한 소수의 투자자는 지난 1세기 동안 큰 부자가 되었다. 단기적 패턴은 필연적으로 반복된다며 차트를 추종했던 사람들 가운데서 위대한 투자자의 반열에 오른 이의 숫자는 가치투자자에 비해 턱없이 부족하다. 아니, 거의 없다고 봐도 무방하다. 복잡계 세계인 증시 속 패턴들은 무한히 변주되며 쉽게도 허물어진다. 언제 어디서 전쟁이 일어날지, 유가와 원자재의 가격이 어떻게 움직일지를 어떻게 정확히 예측하겠는가.

그러나 주가가 실적에 '언젠가' 연동된다는 그 단순한 믿음은 지난 1세기 동안 꽤 높은 확률로 들어맞고 있다. 가치투자는 현재 모든 투자법 가운데 이길 확률이 가장 높은 전략임은 분명하다. 이를 능가하는 다른 대안은 다음 세기에도 나타나지 않을 것이다. 당위적으로 기업은 자신이 돈을 버는 만큼의 평가받아야 하기 때문이고, 이 원칙을 그대로 녹여낸 전략이 바로 '가치투자'이기 때문이다.

기업이란 결국 이익을 내는 유기체이며 미래를 포함한 기업의 전 생애주기 동안 창출될 이익을 근거로 가치가 평가되어야 한다. 주식투자는 명백히 미래의 실적을 예측하는 싸움이다. 그래서 기업이 미래에 창출할 영업이익을 머릿속에 그려보고, 이것과 현재의 주가와의 괴리가 큰 종목을 발굴하고, 그 미래가 현실이 될 때까지 어떠한 자극과 유혹에도 흔들리지 않고 차분히 인내해야만 우리는 승리할 수 있다. 이 승리의 방정식을 자신의 삶을 통해 증명한 이들을 우리는 '가치투자자'라고 한다.

2019년부터 시작된 동학개미운동으로 인해 개인 투자자의 집단 지성이 비약적으로 상승했다. 당시 서점가 베스트셀러의 상당 부분은 투자 관련 책으로 도배되어 있다. 그 결과 주식을 보는 국민들의 선구안이 높아졌다. 투자자들의 집단 지성이 올라갔기에 실적이 뒷받침된다면 주가는 빠른 속도로 이에 맞게 자리를 찾아갈 것이다. 그리고 이 속도는 투자 인구가 늘수록 더욱 단축되어갈 것이다.

현재 증시는 미국의 금리 상승 정책의 영향으로 몇 달간 조정을 받고 있다. 거의 모든 종목의 가격이 전반적으로 눌려 있기에 시장 상황이 정상화된다면 성장판이 열린 종목들은 빠른 속도로 자신의 가치에 걸맞은 평가를 받게 될 것이다. 다시말해 지금이 고성장주 가치투자를 하기에 가장 좋은 시기라는 뜻이다.

주식투자는 기다림의 미학

투자 전쟁의 승리 필수 요건은 기다림이다. 그렇기에 제시한 나의 논리를 따라가며 이들 종목 중 여러분의 감성에 부합하는 두세 종목을 찾은 뒤 반드시 스스로 재검증하는 절차를 거쳐야 한다. 본인의 재검증을 거치지 않으면 수많은 정보와 자극의 홍수에 유혹되어 기다림에 실패할 가능성이 높다. 인간은 누구나 자신의 눈과 손을 가장 신뢰한다. 나의 논리와 여러분의 논리가 덧대어져 투자라는 긴 항해에 튼튼하고 질긴 돛대가 되어주길 진심으로 바라본다.

물론 기다림이 항상 정답인 것은 아니다. 주식시장에서 가장 흔히 퍼진 말 중 하나는 "우량주에 장기투자하면 손해 볼 일이 없다."라는 것이다. 이 말이 정말 사실일까? 우량주 중에서도 최고라고 할 만한 코스피 시가총액 상위주에 투자해 10년간 기다린다면 과연 결과는 긍정적일까? 꼭 그렇지만은 않다. 다음 페이지 표를 보자.

2012년 6월 5일 기준 코스피 시가총액 상위 10개 종목 중 10년 후인 2022년 6월 3일 기준으로 주가가 오른 종목은 삼성전자, 기아차, 신한지주, LG화학, 삼성전자우 등 일부에 불과했다. 10년 전과 비교하면 주가가 오른 종목은 우량주 10개 중 절반에 불과한 것이다. 즉 무작정 기다린다고 해서 수익이 따라오는 것은 아니다. 따라서 우리는 10년 후에도 탄탄하게 성장할 수 있는 '확장성' 있는 종목을 찾아야 한다.

가치투자에 최적화된 종목의 공통점은 '아래로는 닫혀 있고, 위로는 활짝 열린 종목'이라는 점이다. '아래로 닫혀 있다'는 말은 현재의 실적이 어느 정도 뒷받침되어야 한다는 뜻이다. 2017년의 바이오 투자 붐 이후 수많은 신약 개발 회사들이 텐배거가 되었지만 2년이 채 되지 않아 대다수는 상승분을

10년 전 시가총액 상위주 주가 변동

종목명	10년 전 주가	수정 주가	현 주가	주가 차이
삼성전자	120만 3,000원	2만 9,683원	6만 6,800원	3만 7,117원
현대차	23만 3,500원	24만 722원	18만 7,000원	-5만 3,722원
기아차	7만 6,900원	7만 6,900원	8만 3,500원	6,600원
POSCO	35만 7,500원	35만 7,500원	29만 원	-6만 7,500원
현대모비스	27만 1,000원	27만 8,940원	21만 5,000원	-6만 3,940원
삼성생명	9만 7,700원	9만 7,700원	6만 6,400원	-3만 1,300원
신한지주	3만 8,000원	3만 5,130원	4만 2,450원	7,320원
LG화학	26만 7,000원	25만 656원	58만 5,000원	33만 4,344원
삼성전자우	67만 8,000원	1만 8,813원	6만 200원	4만 1,387원
한국전력	2만 3,950원	2만 3,950원	2만 3,150원	-800원
SK하이닉스	2만 1,650원	2만 642원	10만 7,000원	8만 6,358원
KB금융	3만 6,750원	3만 4,433원	5만 8,200원	2만 3,767원
SK이노베이션	12만 9,000원	12만 9,000원	22만 5,500원	9만 6,500원

자료: 〈이데일리〉

반납하거나 심하게는 상장 폐지되었다. 현재의 실적이 뒷받침되지 않았기에, 달리 말해 현재 비즈니스 모델로 돈을 벌고 있지 않았기에 임상 실패나 신약 개발에 진전이 없을 시 주가는 그대로 폭삭 주저앉은 것이다. 반대로 현재까지 연 천억 원 이상의 영업이익을 벌어들이고 있는 셀트리온, 한미약품 등의 회사는 증시의 부침에도 살아남았다.

위는 열리고 아래는 닫히고

위로 활짝 열린 것도 중요하지만 무엇보다 중요한 것은 아래로 닫혀 있어야 한다. 현재의 비즈니스 모델을 안정적으로 구축하지 못한 회사는 미래의 기대에 자그마한 생채기에도 허물어져버리고 만다. 이 또한 반복된 투자 역사가 증명해오고 있다. 현재 비즈니스 모델의 안정성은 적어도 잃지 않기 위한, 승리는 차치하고서라도 적어도 패배하지 않기 위한 선결 과제다. 그래서 현시점에서 적자를 내고 있거나 비즈니스 모델을 구축하지 못한 기업은 과감하게 리스트에서 제외했다. 이는 우리를 재산 손실을 줄여주고, 마음의 차분함을 유지시켜주는 안전망이 되어줄 것이다.

또 하나의 공통점은 위로 활짝 열려 있어야 한다는 점이다. 단순히 저PER주의 주가가 뚜렷한 모멘텀 없이 2배 이상 가파르게 상승하는 경우는 찾아보기 힘들다. 해운, 조선, 은행 등의 전통 기반 산업은 현재 막대한 영업이익을 벌어들이고 있지만 이 수준을 획기적으로 높여줄 뚜렷한 모멘텀을 보유하지 못했기에 여전히 저평가받고 있다. 주식의 가치는 기업의 '전 생애주기' 동안 벌어들일 영업이익을 기준으로 평가된다. 그래서 현재만큼이나 미래가 중요하다. 우리의 상상력을 자극할 만한 미래가 필요한 것이다. 또한 단순 저PER주의 경우 언제 시장의 견해가 바뀌어 주가가 재평가될지를 예측할 수가 없다. 그래서 높은 확률로 기다리다 지쳐버린다.

반면 이상적 주가 상승 모델을 가졌던 LG화학, 컴투스, 셀트리온의 경우 각각 전 세계 전기차 배터리 수요 급증, 자체 IP 게임 '서머너즈 워'의 글로벌 흥행, 바이오시밀러 상품의 글로벌 시장 침투 등의 밝은 미래를 계획하고 있었고, 이는 투자자의 상상력을 자극시켰다. 동시에 이들은 당시 비즈니스 모델의 안정성까지 구축해놓은 상태였다. 이는 주가 상승의 명분이 되어주었다.

우리가 상상하는 미래가 현실이 되어가는 과정에서 오는 쾌감이 있다. 주식투자의 재미는 이 쾌감에서 비롯되어야 한다. 그래야 오래 기다릴 수 있다. 거시적인 흐름을 보지 못하고 하루하루의 차트 변화에 일희일비하는 투자자는 셀 수 없이 많은 감정을 하루하루 소모하며 쉽게 지친다. 그렇기에 우리는 기업의 성장 시나리오를 구체적으로 그려볼 수 있는 기업에 투자해야 한다.

기억해야 할
주가 상승의 세 가지 조건

증가하는 매출액

PER, 일명 주가수익비율은 주가가 그 회사의 1주당 순이익에 몇 배가 되느냐를 나타내는 지표로 전 세계 다수 투자자의 종목 선정 기준으로 굳건히 자리 잡고 있다. 업종 평균 PER과 해당 종목의 PER을 비교해서 주가가 싸다 비싸다를 논하는 것이다. 아침마다 쏟아지는 수십 종의 애널리스트 리포트에서 제시하는 주된 논리 흐름 또한 다음 연도 예상 순이익에 업종 평균 PER을 곱한 것을 기준으로 목표 주가를 산출하는 식이다. 그러나 순이익에 대한 지나친 강조로 인해 투자자 다수는 또 하나의 중요한 기준을 놓치고 있다. 바로 매출액이다.

기업의 순이익은 필연적으로 매출액에서 발생한다. 유형자산을 기반으로 영업하는 전통 산업 내 기업의 경우 매출 성장률은 두 자릿수를 넘어서기 힘들다. 포스코와 한국전력의 고정적인 매출액을 보면 알 수 있다. 산업 성숙기에 위치한 이들 기업은 이미 사업을 최대한도로 확장시켜놓았기에 그들의 주요 과제는 경영 효율화다. 다시 말해 비용을 줄여 순이익을 증대시키는 전력을 모색하는 것이다.

반대로 고성장 기업의 매출액은 많게는 한 해 2배 이상 상승하기도 한다. 뒤이어 언급할 웹툰 사업자가 이러한 경우에 해당한다. 이들 기업은 공격적인 마케팅과 해외 진출로 사업을 확장한 이후 점진적으로 마케팅 비용과 관리 비용을 축소시켜 순이익을 극대화한다. 다시 말해 매출액이 늘어난 다음에서야 순이익이 폭증하는 재무구조를 그리는 것이다. 그럼에도 우리는 공시나 뉴스 등에서 순이익만 머릿속에 담으며 늘어난 매출액은 흘려 넘기는 것이 대다수다.

고성장 산업이 성장하는 궤도는 다음과 같다. 일단 그들의 우수한 상품을 기반으로 일시에 마케팅 비용을 집행해 신규 고객을 확보한다. 이 시기에 신규 고객의 확보로 매출은 가파른 속도로 증가하나 판매 비용으로 인해 순이익은 여전히 정체되어 있다. 이후 고객들은 자연스럽게 해당 기업의 상품에 서서히 스며들게 된다.

다음 단계로 기업은 확보한 고객층을 대상으로 자사의 다양한 상품을 연속적으로 판매하며 마케팅 효율 극대화를 통해 순이익을 폭증시킨다. 일례로 텐배거에 반열에 올랐던 미용기기 업체 루트로닉과 클래시스의 경우 상품 출시 초기에 공격적인 마케팅으로 수많은 성형외과와 피부과를 확보하고, 해외 수출까지 시도한 다음 확보된 고객들에 미용기기의 부속품인 카트리지를 판매하며 효율적으로 순이익을 폭증시켰다. 그리고 주가도 이에 화답해 가파른 속도로 치솟았다. 많은 투자자가 기업의 현 PER에 목을 매고 있기에 주가가 재빨리 제 가치를 찾아간 것이다.

여기서 말하고자 하는 요지는 PER이 상승하기만을 기다린다면 이미 늦다는 사실이다. 우리의 사고와 행동은 느린 반면 증시는 너무도 빠르고 효율적이기 때문이다. 그렇기에 고성장주 가치투자를 통해 뚜렷한 성과를 내고자 매출액이 비약적으로 증가하는 시점에서 사고를 정립한 후 가서 미리 기다려야 한다. 영업 효율화가 이루어져 순이익이 폭증하는 즉시 주가는 치솟을 것이고, 기관 투자자를 포함한 많은 투자자가 벌겋게 눈을 뜨며 기업들의 순이익을 점검하고 있기 때문이다.

미국 재무 학계는 PER에 신적 지위를 부과했다. 그러나 이러한 기조는 기업이 내는 순이익을 지나치게 강조한 나머지 매출액을 보는 눈을 어둡게 했다. 주가가 매출액이 느는 것에 좀처럼 반응하지 않는 것이다. 이러한 미스매치(mismatch) 현상은 우리에게 훌륭한 투자 기회를 선물하고 있다. 군중과 역방향으로 행동할수록 우리가 얻는 과실은 커진다. 지금부터 우리가 매출액에 주목해야 하는 까닭이다.

가격에 휘둘리지 않는 기업

진입 장벽이 낮아 경쟁자들이 많고, 수요자가 구매 여력이 낮아 해당 상품을 선택함에 있어 가격을 주요 고려 요인으로 인식하는 산업의 경우 장기적으로 큰 영업이익을 벌어들이기 힘들다. 대표적으로 화장품 산업과 식품 산업이 이에 속한다. 저가 기성복 매장인 SPA 브랜드가 국내에 도입되자 자신만의 뚜렷한 색깔을 갖추지 못한 채 단순 저가 제품을 판매하던 패션 기업 다수는 문을 닫았다. 반면 뒤에서 언급할 F&F와 휠라홀딩스 등 브랜드 자산을 보유한 기업은 SPA 브랜드의 이미지와 차별화된 중고가 브랜드로 가격 공세에도 굴하지 않고 승승장구하며 주가는 10배 가까이 상승했다.

만약 당신이 투자하고자 하는 기업의 경쟁이 너무 치열하고, 소비자들이 해당 기업의 상품을 선택할 뚜렷한 유인을 가지지 못했다면 계속된 출혈 경쟁으로 영업이익률은 곤두박질치며 기업은 근근이 형태를 유지할 것이다. 그렇기에 우리는 가격에 휘둘리지 않는 기업에 투자해야 한다.

가격에 휘둘리지 않는 기업들에는 몇 가지 유형이 있다. 첫 번째는 해당 시장을 독과점하고 있는 경우다. 소주의 주원료인 주정 가격이 올라가면 하이트진로의 영업이익 또한 증가하는 경향이 있다. 이유는 하이트진로가 주정 가격이 상승한 것 이상으로 소주 값을 인상하기 때문이다. 하이트진로가 그렇게 할 수 있는 이유는 하이트진로와 롯데 칠성이 각각 '참이슬'과 '처음처럼'으로 소주 시장을 양분하고 있기 때문이다. 소비자에게 대체재가 많지 않으니 가격이 인상되어도 어쩔 수 없이 이들 제품을 택하는 것이다.

마찬가지 맥락에서 코카콜라 또한 2022년 제품 가격을 5% 가량 올렸지만 판매량은 오히려 전년 대비 늘어났다. 이 외에도 미용기기 업체도 시장에 진입하기 위해 고도의 기술과 특허가 필요하기에 클래시스, 루트로닉, 하이로닉 등 주요 업체가 많지 않아 가격 경쟁에서 자유로운 경향이 있다.

두 번째는 소비자의 구매력이 높은 경우다. 코스닥에는 팬 엔터테인먼트, 래몽래인, 삼화네트웍스 등 시가총액 3천억 원 미만의 중소 드라마 제작사들이 있다. 그리고 이들 업체의 영업이익은 2022년을 기점으로 빠른 속도로 증가하고 있다. 그 이유는 이들의 주요 고객은 방송사와 넷플릭스 등의 OTT 업체로 상당한 자본력을 갖고 있기에 드라마의 콘텐츠만 좋다면 가격 인상에도 불구하고 해당 드라마를 사들이기 때문이다. 특히 넷플릭스는 한 해에만 콘텐츠 투자에 20조 원에 육박하는 자금을 쏟아붓고 있다. 그리고 가성비가 훌륭한 한국 콘텐츠에는 1조 원에 달하는 금액을 투자하고 있다. 1조 원의 자금 중 일부는 이들 3사의 매출액으로 반영된다. 이런 이유로 좋은 콘텐츠를 구입하기 위해 구매자끼리의 경쟁은 치열하고 이들 각 구매자의 자본력이 막강한 드라마 산업의 전망이 훌륭한 것이다.

세 번째는 브랜드 자산을 축적한 경우다. 테슬라는 2022년에만 가격을 6번 인상시켰다. 2022년 2분기 테슬라 제품의 평균 판매 단가는 5만 7,331달러로 전년 동기 대비 10% 가까이 인상되었고, 특히 테슬라 모델3 롱 레인지의 가격은 약 8,500만 원으로 2021년 초 대비 약 40% 급등했다. 테슬라와 애플 등의 기업이 경기 침체 국면에서도 이렇게 자신 있게 고가격 정책을 펼 수 있었던 이유는 해당 기업의 팬덤이 분명하기 때문이다.

프랑스 철학자 장 보드리야르는 저서 『소비의 사회』에서 "현대적 사물의 진짜 모습은 무엇에 쓰이는 것이 아니라 어떤 의미를 지니는 것이며, 도구로서가 아니라 기호로서 조작되는 것이다."라고 했다. 다시 말해 소비자가 제품을 선택할 때 기능성만 고려하는 시대는 지났고, 그 제품이 자신에게 어떤 의미를 제공하는가를 고려한다는 것이다. 이 때문에 소비자에게 뚜렷한 브랜드 가치를 각인시켜놓은 기업들은 경기 침체 국면에서도 지속 성장하는 경향이 있다.

네 번째는 수요가 전 세계적으로 폭증하고 있는 경우다. 코로나19가 퍼지며 진단키트를 공급하는 업체들의 주가는 큰 폭으로 상승했다. 씨젠의 경우 주가가 8배가량 상승했으며 2021년 초 상장된 SD바이오센서의 시가총액은 4조 원에 달한다. 세계 각국의 정부는 이들 진단키트를 공급받기 위해 경쟁을 벌여 품귀 현상이 발생할 정도였기에 국내외 진단키트 사업자가 해당 제품을 고가격에 책정해도 수요는 끊이지 않고 이어졌다.

웹툰 사업의 경우 네이버와 카카오가 일본과 유럽, 북미 지역으로 사업을 공격적으로 확장함에 따라 이들 업체에 콘텐츠를 제공하는 CP(Contents Provider)사의 매출액은 급상승했고 가격 인하 압박에서 자유로운 경향을 보인다. 각 사의 플랫폼이 양질의 콘텐츠를 공급받기 위해 구태여 CP사를 압박하지 않는 것이다.

그리고 최근 네이버와 카카오 외에 '틱톡'을 운영하는 바이트댄스도 웹툰 대전에 뛰어들었다. 바이트댄스는 네이버와 카카오를 따라잡기 위해 콘텐츠를 수혈받는 것이 급했기에 국내 상장사 키다리스튜디오와 자사 플랫폼에 웹툰 콘텐츠 IP 5천 개를 공급하는 조건으로 무려 계약금 500억 원을 지불했다. 키다리스튜디오 한 해 매출의 절반에 해당하는 금액이다.

이렇듯 전 세계적으로 수요가 폭증하는 상품을 판매하거나 그 상품에 필요한 원재료를 공급하는 업체의 경우 수요가 늘어나면 가격이 올라가는 경제학의 기본 '수요-공급 곡선'에 따라 가격 인하 압박에서 자유로운 경향을 보인다.

다섯 번째는 생태계를 구축한 경우다. 아마존, 메타, 애플 등 플랫폼 기업이 세계 증시에서 차지하는 막대한 역할에 대해서는 굳이 언급하지 않아도 잘 알 것이다. 애플이 왜 플랫폼 기업에 속하냐고 반문을 제기할 수 있으나 애플의 전체 매출 가운데 iOS 등 서비스 부문 매출 비중이 20%를 훌쩍 넘어선다. 또 2021년 스마트폰 출하량 1위 기업은 삼성전자임에도 삼성전자의 스마트폰 매출은 87조 원, 애플의 스마트폰 매출은 236조 원으로 애플이 압도적 1위를 차지했다. 2021년 전 세계에서 많이 팔린 스마트폰 1위인 삼성 갤럭시 A12(5,180만 대)의 평균 가격은 약 20만 원인 데 반해 애플 스마트폰의 평균 가격은 100만 원을 훌쩍 넘어간다.

애플이 이토록 고가격 정책을 지속적으로 유지할 수 있었던 원인에는 세련된 브랜드 감수성이 한몫했지만, 보다 중요한 것은 소비자들이 애플의 생태계에 익숙해졌다는 사실이다. 소비자들이 애플 특유의 유저 인터페이스(UI: User Interface), 아이팟, 애플워치와 같은 파생 상품들에 익숙해져버리면 어느새 그것들은 생활의 일부가 된다. 이후 기업은 동일 고객을 대상으로 다양한 부가 상품과 부가 서비스를 판매해 효율적으로 매출을 창조할 수 있게 된다.

이 다섯 가지가 곧 증시에서 우리가 발견할 수 있는 가격 인하에서 자유로운 기업들의 주요 특징이다.

현대 경영학에서 가장 이상적으로 생각하는 비즈니스 모델은 '독점'이다. 카카오가 메신저 시장을 독점하고, 네이버가 검색 시장을 독점한 것처럼 말이다. 그러나 특정 산업을 독점하고 있는 기업은 이미 막대한 영업이익을 수취하고 있어 이미 주가에 반영되어 있는 경우가 대다수다. 그래서 우리는 독점기업을 찾기보다 눈을 약간 낮춰 가격을 상승시킬 수 있는 힘을 가진 기업을 찾아야 한다.

아모레퍼시픽과 LG생활건강의 주가는 현재 정확히 10년 전 가격 수준에 위치하고 있다. 과도한 출혈 경쟁으로 10년 동안 영업이익을 폭증시킬 기회를 찾지 못한 것이다. 반면 고가 화장품의 대명사 로레알의 주가는 3배 이상 상승했다. 그들은 축적된 브랜드 자산을 토대로 지속적으로 가격을 인상해왔고 소비자도 쉬이 그것을 납득했기 때문이다.

단계적 성장이 그려지는 기업

기업이 성장하는 방식은 대개 일정한 패턴을 보인다. 먼저 개발 비용을 집행해 상품을 개발한다. 그 뒤 마케팅 비용을 투입해 상품을 매개로 소비자군을 확보한다. 다음으로 확보된 소비자 그룹에 정돈된 네트워크를 바탕으로 자사의 다른 제품을 판매해 영업이익을 증가시킨다. 이때 창출된 현금을 통해 해외 진출을 모색하거나 사업을 적극적으로 다각화시킨다. 마지막으로 원재료를 공급해주는 기업과 제품을 유통하는 기업을 인수해 경영 효율성을 높이는 것이다.

기업의 실적과 주가는 두 번째와 세 번째 단계 사이에서 급속도로 증가하는 양상을 보인다. 우리는 이 시기에 위치한 기업을 집중적으로 투자해야 한다. 중요한 것은 기업의 성장 단계가 구체적으로 머릿속에 그려지는 기업일수록 주가 상승에 유리하다는 점이다. 기업은 앞으로의 생애주기 동안에 창출될 영업이익을 근거로 평가받기에 성장 시나리오가 그려지지 않는 기업은 현재의 실적이 아무리 좋더라도 주가가 움직이지 않는 경향이 있다. 다시 말해 상상의 여백이 넓은 종목이 주가 상승에 유리하다.

코스피의 개인 투자자 비중은 약 50% 수준인 데 반해 코스닥의 개인 투자자 비중은 무려 86%에 달한다. 코스닥에 한정해서 증시를 움직이는 주체는 기관이 아니라 개인인 것이다. 개인들 다수는 실현시키지 못할지언정 목표 수익률이 상당히 높다. 그들은 결코 연수익률 10%를 목표로 삼지 않는다. 그들이 만약 10% 미만의 목표 수익률을 기대했다면 코스피의 우량주나 고배당주 위주로 포트폴리오를 꾸렸을 것이다. 그렇지 않은 이유는 기대하는 바가 굉장히 크기 때문이다. 이런 이유로 코스닥의 수급 쏠림 현상은 하루 이틀 일이 아니다.

우리를 상상하게 하고, 서사를 만들기 좋으며, 인터넷 언론 매체들을 통해 보도되기 쉬운 다이내믹한 종목의 경우 주가가 적정 가치를 무시하고 천정부지로 치솟지만 반대의 경우 거래량 가뭄이 오래도록 이어진다. 그렇기에 코스닥 투자에 앞서 우리가 고려해야 할 점은 '기업이 과연 역동성과 화제성이 갖추고 있는가'이다.

2017년 셀트리온 주가가 개인 투자자의 수급이 몰려 3배 이상 급상승한 이유는 해당 시기가 기업이 가장 활동적인 시점이었기 때문이다. 셀트리온의 자체 바이오시밀러 의약품 램시마는 미 FDA의 승인을 얻었고, 다음 해 셀트리온이 코스닥에서 코스피로 이전 상장했으며, 뒤이어 자회사 셀트리온헬스케어가 상장하는 등의 이벤트들이 밀집되어 있었다. 이로 인해 셀트리온 관련 뉴스는 각 언론 매체들의 기사들을 독식하다시피 했고 평소 셀트리온에 대해 잘 모르던 개인 투자자들도 뒤늦게 이에 관심을 가지기 시작했다.

그리고 토종 기업에서 만든 바이오시밀러 의약품이 미국과 유럽에서 승승장구하는 영웅적 서사와 서정진 회장의 카리스마 리더십은 한창 달궈진 관심에 불을 지피기 충분했다. 사람들은 특히나 기존 산업에 균열을 내는 것에 열광하는 경향이 있다. 이러한 셀트리온의 시장 침투는 개인 투자자가 주가의 흐름을 좌지우지하는 코스닥 증시 특성상 주가 상승의 신호탄 역할을 했다.

JYP엔터테인먼트와 SM엔터테인먼트의 주가가 가파른 폭으로 상승한 이유도 같다. 연이은 신인 아티스트들의 데뷔로 실적이 빠르게 증가한 것은 물론이고 비즈니스 모델 자체가 화제성을 모으기 너무도 적합했기 때문이다. 뒤이어 언급할 코스닥 내 드라마 제작사 또한 마찬가지다.

그러나 여기서 우리가 주의해야 할 점은 언론과 투자자들

사이에서 연상되는 성장의 시나리오가 짧지 않아야 한다는 점이다. 테슬라의 시가총액은 GM과 포드의 시가총액을 합한 것을 넘어선다. 600배가 넘는 테슬라의 PER에 그럴듯한 명분을 제시해준 것은 자율주행 소프트웨어의 구독 모델화, 데이터 플랫폼 비즈니스, 에너지 저장장치, 자체 충전 인프라 등의 다양한 카드였다. 기업이 산업 평균 PER보다 높게 평가받기 위해 내러티브(narrative)를 형성하기 적합한 제재들을 갖추어야 하는 것은 선택이 아닌 필수다.

테슬라는 플랫폼, 배터리, 소프트웨어, 전기차 등 4차 산업 혁명 시대에 핫한 키워드와 일론 머스크의 기이한 리더십 등 바이럴을 타기 좋은 요소들을 모조리 내포하고 있는 기업이다. 애플의 경우도 마찬가지다. 2020년대 초반 LG화학, 삼성 SDI, 에코프로비엠 등 배터리 관련 기업들의 주가가 3배 이상 상승한 이유도 그렇다. 전 세계 자동차 중 전기차가 차지하는 비중이 10% 미만으로 우리가 상상해볼 수 있는 여백이 너무나도 넓었기에 투자자들의 욕망과 기업가들의 꿈을 먹고 주가는 고공 행진한 것이다.

반면 코로나19 특수로 인해 주가가 상승했던 씨젠의 경우 현재 상승분의 대다수를 반납한 상태다. 우리가 구체적으로 그려볼 수 있는 성장의 다음 단계를 제시하지 못했기 때문이다. 프롤로그에서 언급한 편의점 주식 또한 공격적인 점포 확장 이후의 로드맵을 제시하지 못한 결과 시대의 흐름에 잊히고 말았다.

'오마하의 현자'로 불리는 워런 버핏은 외신 기자와의 한 인터뷰에서 "내가 만약 100만 달러(13억 원)밖에 없던 그 시절로 돌아간다면 절대 이렇게 투자하지 않을 것"이라 말했다. 그는 운용하는 자금이 400조 원 이상이기에 어쩔 수 없이 리스크 축소를 위해 초우량주 위주로 매매할 수밖에 없는 입장인 것이다.

운용 자금이 100만 달러 이하인 개인 투자자들은 조금 더 상상력을 넓히고 시대의 흐름을 기술적으로 활용해 지루하지 않은 가치투자를 지향하는 것이 좋다. 주식은 본디 네덜란드 동인도 회사에서 발명되어 상인들의 배가 침몰했을 때 발생할 손실과 성공적으로 돌아왔을 때 이득을 공유하는 욕망과 겁의 정중앙에 위치한 기물(奇物)이기 때문이다. 영업현금흐름 창출 능력과 현재의 재무제표를 고려해 종목을 선택해 겁을 소거했다면 이제 우리는 각자가 가진 욕망의 날을 좀 더 날카롭게 다듬어야 한다.

PART 2

부의 도약을 위한 성장주, 어떻게 찾을 것인가?

성장주의
시놉시스

가치투자를 위한 시놉시스

영화를 제작하기 전 줄거리의 개요를 적어놓은 글을 '시놉시스'라고 한다. 투자에 있어 시놉시스는 해당 종목 혹은 산업이 어떤 방향으로 흘러가겠다고 예측한 가설을 말한다. 물론 이 가설에 대한 결론은 주가 상승이 되어야 한다.

가치투자자를 꿈꾼다면 매수를 하기에 앞서 자신만의 논리로 완결성 있는 가설을 세우고 글로 표현하는 습관을 들이는 것이 좋다. 글로 적는 과정에서 믿음은 강화되고 기다림의 근력은 증가하기 때문이다. 그리고 해당 종목이 자신이 설계한 가설대로 흘러가고 있는지 확인할 뿐 시세 창에서 눈을 떼는 것이 마음을 다스리는 데 도움이 될 것이다.

본격적으로 개별 종목에 들어가기에 앞서 성장판이 열린 각 산업의 투자 포인트에 대해 짚고 넘어가자.

첫 번째 포인트, 드라마 제작 산업

영화, 드라마, 웹툰, 이 모두는 콘텐츠 산업으로 분류된다. 콘텐츠 산업이 가진 가장 중요한 경쟁력은 제작에는 많은 노동과 자본이 투입되지만 작품이 전 세계에 전파되는 데 드는 비용은 제로에 가깝다는 점이다. 〈오징어 게임〉, 〈미나리〉 등의 사례를 보면 알 수 있을 것이다. 그중 우리는 드라마 제작 산업에 관심을 기울일 필요가 있다. 왜냐하면 산업의 본질이 바뀌고 있기 때문이다.

불과 몇 년 전까지만 하더라도 드라마 제작사가 그들의 드라마를 납품할 곳이라고는 지상파 방송사가 거의 전부였다. 지상파 3사가 드라마 제작 산업에 대한 통제권을 가지고 있었던 것이다. 공급자는 많은데 납품처가 소수에 불과하다면 당연히 권력의 무게 추는 기울게 된다. 그 결과 납품처(방송사)는 제작사들로부터 저가에 드라마를 공급받아 왔다. 더 나아가 각 제작사가 납품처의 눈치를 살피며 공급 단가를 자진해서 낮추는 상황이 이어져왔다. 이 때문에 3년 전까지만 해도 중소 드라마 제작사의 평균 영업이익률은 고작 5%에 불과했다. 그래서 드라마 제작 산업은 대표적 저마진 산업으로 분류되곤 했다.

그러나 시대가 빠르게 변했고 종편 채널, OTT, 웹드라마의 등장으로 납품처가 오히려 제작사의 수를 능가하기 시작했다. 권력의 구도가 바뀐 것이다. 이제는 각 방송사가 양질의 콘텐츠를 미리 공급받기 위해 드라마 제작사의 눈치를 보기 시작했다.

우선 넷플릭스는 총제작비의 30%가량을 미리 제작사에 얹어주며 해당 판권을 사들이기 시작했다. 뒤따라 지상파 채널, 종편 채널, 타 OTT 업체들도 콘텐츠 수급을 위해 '울며 겨자먹기'로 드라마 구입 가격을 올릴 수밖에 없었다. 이에 따라 드라마 제작사의 영업이익률도 빠른 속도로 올라가기 시작했다. 그러나 한계는 있는 법. 드라마 제작은 고도의 노동력을 필요로 하고 업종 특성상 다작이 불가능하기에 성장판이 막힌 듯 보였다.

그럼에도 한 가지 고무적인 사실은 제작사들의 영업이익

률이 올라감에 따라 그들의 잔고가 넉넉해졌다는 것이다. 그리고 발상을 전환했다. 그들은 직접 드라마를 만들어서 IP(지적재산권)를 갖고 국내와 해외 방송사에 판매를 시도하기 시작한 것이다. 이전까지만 하더라도 제작사는 방송사의 용역 의뢰로 드라마를 제작해주고 드라마에 대한 판권은 방송사가 갖는 구조였다. 방송사는 이를 통해 막대한 광고 수익과 해외 수출 수익을 거두고 있었다. 드라마 한 편은 보통 채널별로 70억 원 수준에 해외 각 사에 판매되는데, 방송사들은 광고 수익을 제외하고 판권 수출로만 드라마 당 약 200억 원의 매출을 올리고 있었다.

이에 아쉬움을 품던 제작사들은 자본이 쌓이자 드라마를 직접 제작해 방송사에 방영권을 판매하고, 더 나아가 해외 수출까지 직접해보기로 결심한 것이다. 웰메이드 드라마 한 편을 제작하는 데 최소 200억 원 정도의 자본이 투입된다. 그래서 제작사들은 우선 방송사와 공동 투자의 형태로 드라마를 제작하고 수익을 나눠 갖는 계획을 시도한다. 여기까지가 현 상황이다. 이 공동 투자 드라마가 성공해 잔고가 더 늘어날 경우 제작사들은 100% 자체 제작에 주력하기 시작할 것이다. 이 모델이 고착화된다면 제작사들의 영업이익은 현 수준의 최소 3배 이상 증가할 것이다.

이에 대비하기 위해 각 제작사는 2021년부터 채권 발행을 통해 실탄을 넉넉히 충전하기 시작했다. 높이 뛰기 위한 도약을 준비하는 것이다. 현재 중소 드라마 제작사들의 시가총액은 3천억 원 미만이고 벌어들인 영업이익은 대다수가 100억원 미만이다. 그러나 현재 너나 할 것 없이 드라마 자체 제작을 시도하고 있기에 산업의 파이 자체가 비약적으로 커질 것으로 전망된다. 자체 제작의 성공이 누적될수록 각 제작사는 확신을 얻고 용역 제작의 비중을 줄이고 직접 자본을 투입해 이를 판매하는 종합 콘텐츠 기업으로 거듭날 것이다.

　뒤에 언급할 제작사들의 2022년 영업이익은 2021년에 비해 2배 이상 증가할 것으로 예상된다. 그리고 시간이 지나면 최대 10배까지 증가할 것이다. 영업이익이 10배로 증가할 가능성이 있다는 말은 가치투자의 관점에서 주가가 10배 오를 가능성이 있다는 사실로 해석될 수 있다. 그래서 현재 우리가 드라마 제작사에 주목해야 하는 것이다.

두 번째 포인트, 웹툰 산업

'웹툰'이라는 장르를 대중화한 국가는 다름 아닌 대한민국이다. 즉 우리나라가 웹툰의 종주국인 셈이다. 글로벌 웹툰 시장은 네이버와 카카오에 의해 시작되었다고 해도 과언이 아니다. 현재 네이버와 카카오의 선전으로 일본, 중국, 동남아, 유럽, 북미 등지에서 웹툰의 인기가 하늘 높은 줄 모르고 치솟고 있다. 국내 기업들은 종주국의 이점을 살려 각 나라에 해외 법인을 설립해 본격적인 세계 공략에 나서고 있다. 네이버와 카카오는 차세대 먹거리로 콘텐츠 사업을 낙점했으며, 그들은 광고를 통해 벌어들인 막대한 자본을 해당 사업에 투자하고 있다. 그래서 현재 모든 콘텐츠 산업을 통틀어 글로벌 성장률이 가장 높은 카테고리가 바로 웹툰 산업이다.

디지털 콘텐츠의 소비가 꾸준히 늘어나면서 웹툰 산업도 폭발적으로 성장했다. 한국콘텐츠진흥원 자료에 따르면 세계 만화 시장에서 웹툰이 차지하는 비중은 2013년 7.4%에서 2022년 추산 18.5%로 2배 넘게 커졌다.

웹툰을 볼 수 있는 플랫폼이 성행함에 따라 자연적으로 콘텐츠 제작자들의 규모 또한 가파르게 성장하고 있다. 이른바 '낙수 효과'를 톡톡히 누리고 있는 것이다. 웹툰 산업의 성장은 네이버와 카카오의 입장에서 그들의 주가를 당장 2배 이상 올릴 연료가 되진 못하지만 중소 웹툰 공급 업체의 입장에서 이는 거대한 태풍처럼 다가올 것이다. 국내 상장사 가운데 웹툰 비즈니스의 최강자는 키다리스튜디오와 디앤씨미디어다.

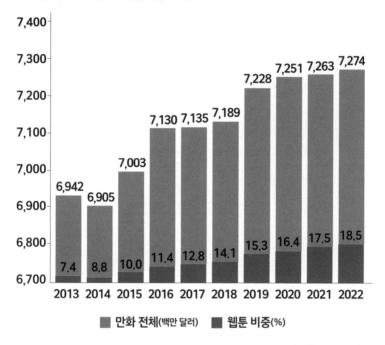

세계 만화 전체 시장과 웹툰 비중 추이

- 만화 전체(백만 달러)
- 웹툰 비중(%)

자료: 한국콘텐츠진흥원

키다리스튜디오는 북미와 유럽 지역에 인기 플랫폼을 보유하고 있고, 디앤씨미디어는 카카오의 웹툰 및 웹소설 넘버원(NO.1) 벤더다. 산업 자체가 개화기이다 보니 이들 기업은 해당 분야가 글로벌 대중문화로 성장할 때까지 폭발적으로 성장할 것이다. 국내 스튜디오들은 이미 웹툰 스토리텔링, 콘티 제작, 채색, 작화 등 모든 프로세스에 있어 전 세계 어느 나라도 흉내 낼 수 없는 독보적인 경쟁력을 구축한 상태다. 현재

JYP, SM, 하이브 등을 거대 엔터테인먼트 기업을 만든 일등 공신은 K-팝(POP) 열풍이었다. 그러나 K-팝은 이미 대중화되었고 시장은 성숙기에 접어들었다. 웹툰은 다르다. 이제부터가 시작인 것이다.

세 번째 포인트, 패션 산업

국내 패션 대기업 F&F와 휠라홀딩스는 해마다 3천억 원 이상의 돈을 벌어들이고 있다. 이들이 이토록 막대한 영업이익을 거두어들인 데는 'MLB'와 '휠라'라는 브랜드가 있었기 때문이다. 이들은 이른바 대중화된 명품을 뜻하는 매스티지 브랜드로 분류된다.

매스티지 브랜드의 이점은 명품 브랜드와 달리 대중성이 있다는 점이다. 매스티지 브랜드들은 상대적으로 가격이 높지만 그렇게 부담스럽지 않은 수준이기에 남녀노소 할 것 없이 해당 브랜드를 구입할 동인이 생긴다. 판매량이 증가하니 두 회사의 영업 마진도 가파른 속도로 증가한 것이다. 이들은 더 나아가 축적된 자본으로 해외 유수 브랜드들을 인수해 글로벌 패션 거대 기업으로 변화하고 있다.

이 과정을 통해 두 회사의 주가는 10배 이상 상승했다. 이에 우리가 취해야 할 행동은 차세대 F&F와 휠라홀딩스가 될 만한 기업을 선점하는 것이다. 그런데 국내 상장사 가운데 이들의 성장 경로를 그대로 모방하는 두 패션 기업이 있다. 이들은 현재 유명 브랜드의 라이선스를 공급받아 국내 지역 위주로 영업을 전개하고 있지만, 이를 통해 얻은 현금을 바탕으로 해외 브랜드를 인수해 글로벌 공략에 나설 예정이다. 또한 추후에는 대형 브랜드 인수에도 도전할 것이다. 이 과정이 종결되었을 때 이들의 영업이익은 10배 이상 상승하리라 예상해 볼 수 있다.

네 번째 포인트, 플랫폼 자회사 보유 기업

한국거래소는 벤처 경제 활성화를 위해 영업이익 적자를 지속적으로 기록해도 그 성장성이 인정된다면 증시에 상장시켜주는 '특례 상장 제도'를 마련했다. 그 결과 원티드랩, 카페24, 상장 예정인 마켓컬리와 티몬 등 플랫폼 기업들은 적자를 기록하는 와중에도 높은 가치로 증시에 입성할 수 있었다. 거래소가 IT 기반 기업들에게 유독 관대한 것이다.

이처럼 상장의 허들이 낮아짐에 따라 상장 가능성을 보유한 기업을 자회사로 거느린 기업들의 가치는 높아질 것이다. 자회사들이 상장해 거대한 공모 자금을 양분 삼아 빠른 속도로 성장하게 되면 이들의 실적은 고스란히 모회사로 흡수되기 때문이다.

또한 상장을 통해 자회사의 지분 가치가 모회사의 시가총액을 상회한다는 사실이 상장을 통해 숫자로 적나라하게 드러날 경우 투자자들은 이 비대칭에 한 번 더 주목할 것이다. 플랫폼 기업은 성장의 궤도에 돌입하기가 힘들 뿐 일정 흐름을 타게 된다면 거대 기업으로 거듭나는 데 불과 2년이 채 걸리지 않는다.

국내 기업 가운데 성장 궤도에 돌입했으며, 상장 요건을 갖추었고, 심지어는 영업이익 흑자를 내고 있는 플랫폼 자회사를 가진 기업들이 있다. 이 플랫폼 기업들은 상장사의 연결 자회사로 편입되어 실적에 보탬이 되고 있지만 비상장사로 존재하고 있기에 그 가치가 온전히 주가에 반영되지 못하고 있다. 그러나 이들 자회사가 상장에 성공해 '시가총액'이라는 구체적인 숫자가 수면 위로 드러날 경우 투자자들은 이에 주목하게 되고 결국 비대칭은 해소될 것이다. 그래서 우리는 상장을 앞둔 플랫폼 자회사를 거느린 기업에 주목해야 한다.

다섯 번째 포인트, 미용기기 산업

미용기기의 주요 고객층은 수도권 피부과 및 성형외과 병원으로 특히 강남권의 병원의 경우 마케팅 각축전을 치열하게 펼치고 있다. 시술의 경쟁력을 객관적으로 증명하기 힘드니 보통 최신 기기를 사용하는 것을 주요 마케팅 문구로 쓰고 있다. 그래서 각 병·의원들은 클래시스, 하이로닉 등의 업체가 신제품을 출시하는 즉시 이를 자신들의 병원에 도입하고 집중 홍보하는 패턴을 보인다. 국내 성형외과의 의술이 세계 최고 수준인 것처럼 국내 미용기기의 경쟁력 또한 이에 발맞춰 상승해 가히 세계 최고 수준에 이르고 있다.

과거 안티에이징 시술의 주 소비층은 40~50대 여성이었다. 하지만 요즘은 20~30대부터 관리하는 사람이 많아졌고, 미용에 관심이 많은 남성도 늘어나면서 시장 자체가 확대되고 있다. 시장조사기관 메티큘러스리서치에 따르면 세계 미용의료기기 시장은 매년 11.6%가량 성장해 2025년에는 221억 7천만 달러(약 29조 원) 규모에 이를 것으로 전망된다.

국내 업체들도 지속적인 성장을 이어오고 있다. 국내에 상장된 미용의료기기 7개 기업 매출액도 2015년 1,693억 원에서 2021년 4,744억 원으로 연평균 18.7% 증가했다. 루트로닉,

이루다, 클래시스, 레이저옵텍 등 미용의료기기 업체들도 이러한 트렌드에 발맞춰 해외 진출에 심혈을 기울이며 도전 중이다.

콘텐츠 우위 시장이 도래하다

제작사가 해마다 제작할 수 있는 드라마 개수는 한정되어 있다. 앞서 언급했듯 드라마 외주 제작의 경우 드라마가 흥행하면 해당 제작사의 평판이 좋아져 제작 요청이 많이 들어온다는 장점이 있지만, 드라마의 흥행으로 인한 과실은 방송사가 챙기고 제작사는 제작비의 일부만을 수취할 수밖에 없다는 비즈니스 모델의 명백한 한계가 있었다. 그래서 영업이익률도 10% 미만에 그쳐왔다. 즉 드라마 제작사의 비즈니스는 아래로 닫혔지만 위로도 닫힌 구조였던 것이다.

그러나 OTT의 대중화로 방영 플랫폼이 다변화되면서 상황이 바뀌었다. 지상파 채널이 주된 방영 채널이었을 당시 이들 방송사업자가 쉽게 말해 갑의 위치에 서 있었다. 드라마 제작사는 어떻게든 황금시간대에 자신의 드라마를 방영시키기 위해 방송사에 영업해야 했고, 제작 수익 또한 투입된 노력에 비해 그다지 많이 수취하지 못했다. 그러나 방송 플랫폼의 개수가 많아지면 많아질수록 개별 방송사의 힘은 약화되었다. 관계역학이 뒤바뀐 것이다. 즉 플랫폼 우위 시장에서 콘텐츠 우위 시장으로 변화한 것이다. 오히려 방송 플랫폼들이 좋은 콘텐츠를 미리 선점하기 위해 제작사들에 영업하는 환경이 되어버렸다.

여기서 끝이 아니라 더 중요한 것은 각 제작사가 방송사의 자금이 아닌 자신들의 자본으로 직접 드라마를 제작하고 플랫폼 사업자들과 직접 가격 협상을 벌이는 사업을 펼치기 시작했다. 이른바 '콘텐츠 우위 시장'이 가져다준 패러다임의 변화다.

싸이런픽쳐스가 제작한 〈오징어 게임〉은 역사에 남을 글로벌 대흥행을 거뒀지만 정작 가장 큰 이득을 본 것은 넷플릭스였고, 싸이런픽쳐스는 넷플릭스가 투자한 제작 비용 중 일부를 수취했을 뿐이었다. 각 제작사가 이렇게 영업해온 가장 근

콘텐츠 포트폴리오 확대 및 IP 확보

글로벌 종합 콘텐츠 스튜디오

드라마 외주 제작사

Drama
일반 드라마
OTT 오리지널

Drama
시즌제
글로벌 텐트폴
일반 드라마

유튜브
SNS
미디어 커머스

Non-Drama
버라이어티
시트콤
미드폼

OTT 시장 성장 및 경쟁 심화 전

캡티브 채널의 부재
- 다수의 흥행 작품 제작에도 IP 확보가 불가능한 시장 상황

OTT 시장 성장 및 경쟁 심화 후

캡티브 채널의 부재 → 글로벌 레퍼런스 장점 극대화
- 다양한 글로벌·국내 OTT 및 플랫폼 니즈에 적합한
다양한 콘텐츠 제작 및 IP 확보 시스템 구축

▲ 에이스토리 포트폴리오

출처: 에이스토리 1분기 IR

본적인 이유는 자본이 부족했고, 자본이 부족했기에 리스크를 감내할 수 없었기 때문이다. 그러나 현시점에서 각 제작사의 잔고는 풍족해지고 있고 자본이 뒷받침됨에 따라 더욱 적극적으로 자체 제작을 모색할 수 있게 되었다. 에이스토리의 IR 자료를 통해 앞으로 드라마 제작사가 가고자 하는 방향성을 확인할 수 있다.

현재 국내 증시에 상장된 드라마 제작사로는 스튜디오드래곤, 에이스토리, 팬 엔터테인먼트, 초록뱀미디어, 래몽래인, 삼화네트웍스 등이 있다. 그중 덩치가 제일 큰 스튜디오드래곤의 경우 시가총액이 2조 원을 넘으며 연평균 500억 원의 영업이익을 거두고 있다. 나머지 제작사들의 경우 시가총액은 모두 6천억 원 이하로 팬 엔터테인먼트와 래몽래인, 삼화네트웍스는 2천억 원을 넘지 못한다. 반대로 이야기해서 평균 50억 원에 불과한 3사의 영업이익 수준이 높은 수준으로 상승할 가능성이 있다면 노려볼 만하다는 이야기다.

그러나 중대형 제작사의 경우 투자 메리트가 상대적으로 떨어진다고 볼 수 있다. IR 자료를 통해 볼 수 있듯 그들은 이미 IP 홀더로서 자체 제작을 활발히 하고 있기 때문이다. 그렇다면 저평가된 드라마 제작사들이 스튜디오드래곤의 규모만큼 성장할 가능성이 있는지부터 타진해야 한다.

넥스트 스튜디오드래곤은?

그럼 스튜디오드래곤은 어떻게 거대 기업이 될 수 있었을까? 답은 간단하다. CJ E&M의 자회사이기 때문이다. 그리고 CJ E&M은 공중파 중 드라마 채널의 최강자 'tvN'과 OTT 신흥 강자 '티빙'을 가지고 있다. 스튜디오드래곤은 CJ E&M의 드라마 사업 부문에서 출발해 〈미생〉과 〈시그널〉을 선보인 후에야 2016년 5월 별도 법인으로 설립되었다. 업력이 채 7년이 되지 않는 것이다. 삼화네트웍스는 1980년, 팬 엔터테인먼트가 1998년 설립된 것과 상반된다. 이후 스튜디오드래곤은 〈도깨비〉와 〈비밀의 숲〉, 〈미스터 선샤인〉, 〈사랑의 불시착〉, 〈호텔 델루나〉, 그리고 〈빈센조〉에 이르기까지 제작한 모든 드라마를 흥행시키며 명실상부 드라마 산업의 최강자로 거듭났다.

스튜디오드래곤은 CJ 산하 tvN과 OCN을 통해 드라마를 안정적으로 공급했고 그 과정을 통해 빠른 속도로 현금을 축적시켜왔다. 그렇게 얻은 현금으로 몇 년 전부터 스튜디오드래곤은 다수의 드라마를 '자체' 제작하기 시작했다. 스튜디오드래곤은 CJ라는 든든한 모회사가 있었기에 작품을 끊임없이 공급했고, 상대적으로 높은 마진을 남기면서 용역을 수행해

제작사가 방송사의 자금이 아닌

자신들의 자본으로 직접 드라마를 제작하고

플랫폼 사업자들과 직접 가격 협상을 벌이는

사업을 펼치기 시작했다.

잔고를 빨리 쌓아간 것이다. 게다가 2017년 상장 당시 주가는 높은 가격에 책정되어 막대한 공모 자금을 덤으로 얻을 수 있었다.

다시 말해 스튜디오드래곤은 모회사의 힘을 빌려 현금을 중소 제작사들에 비해 훨씬 빨리 쌓을 수 있었고, 이를 통해 일찍이 드라마 자체 제작에 나서면서 영업이익을 폭증시킬 기회를 맞이한 것이다. 현재 유통 채널(방송사)이 가진 힘이 약해졌기에 결국 스튜디오드래곤이 가진 힘은 자본력이다.

스튜디오드래곤의 재무제표를 찬찬히 들여다보면 흥미로운 사실이 나온다. 2021년을 기준으로 스튜디오드래곤은 드라마의 '편성'을 통해 1,612억 원을 벌어들였고, '판매'를 통해 2,755억 원을 벌어들인 것이다. 편성은 CJ E&M 등 유통사들로부터 의뢰받아 제작을 대행해 얻은 용역 매출을 뜻하고, 판매는 자체 제작한 드라마를 외부에 판매해 얻는 수익이다. 판매 수익이 제작 수익을 뛰어넘은 것이다.

그리고 그 판매 수익의 65%는 해외에서 발생했다. 무려 1,800억 원에 달한다. 해외에서 얼마나 비싼 가격에 국내 드라마를 사 가는지를 알 수 있는 대목이다. 그래서 현재 스튜디오드래곤의 사업 중추는 '자체 제작 드라마의 해외 판매'다. 사업 영역 중 방송권의 해외 판매로 벌어들이는 비중이 가장 높은 것이다.

보통 국가별로 국내 드라마의 방영권을 60억~150억 원 수준으로 사 간다. 이렇게 큰 돈을 일시에 벌어들이는 기회를 다른 제작사는 왜 마다했을까? 이유는 돈이 없었기 때문이다. 웰메이드 드라마를 제작하는 데는 평균 200억 원 정도의 현금이 필요하다. 각 제작사는 200억 원이 없었거니와, 200억 원만 있다고 해서 될 일도 아니었다. 현금을 쏟아 부어 드라마를 만들었는데 만에 하나 이 드라마가 흥행에 실패하고, 해외에도 판매되지 않으면 기업은 심각한 재무위기에 봉착할 것이기 때문이다. 그래서 이 어마어마한 기회를 '알고' 있으면서도 눈물을 흘리며 노동력을 태워가며 방송사들에만 좋은 일을 했던 것이다. 반면 방송사는 이들이 만든 드라마의 IP를 갖게 되어 해외에 방영권을 판매해 많은 수익을 거두었다.

소형 제작사에 찾아온 기회

그러다 산업의 호황으로 소형 제작사들의 잔고가 두둑해지기 시작했다. 2021년 말 기준 팬 엔터테인먼트의 현금성 자산은 160억 원, 래몽래인의 현금성 자산은 230억 원에 달한다. 회사채를 조달하고 어찌어찌하면 드라마 한 편을 제작해볼 수 있을 만큼 회사가 커진 것이다.

그럼에도 아직까지는 위험하다. 그래서 이들은 방송사들과 제작비를 분담하고 수익을 공유하는 공동 제작하는 방식을 택했다. 예전 같으면 방송사와 제작사 간의 공동 제작이 불가능했을 것이다. 과거 돈이 이미 많은 방송사의 입장에서는 구태여 제작사와 협업할 유인이 없었겠지만, 현재는 양질의 콘텐츠 수급을 위해 제작사의 말을 듣고 따라줘야 할 이유가 생겨버렸다. 유통 채널이 늘어나면서 개별 방송사의 힘은 약해지고, 콘텐츠사의 힘은 강해지면서 제작사와 방송사와의 공동 제작이 가능해진 것이다.

상대적으로 규모가 큰 초록뱀미디어가 먼저 자체 제작의 신호탄을 쏘아 올렸다. 우선 잔고를 넉넉히 마련하기 위해 2021년 11월 750억 원 규모의 유상증자를 단행했다. 이후 김수현과 차승원 등 유명 배우를 섭외해 드라마 〈어느 날〉을 만들었고, 쿠팡 플레이를 비롯해 일본 아마존 프라임, 동남아시아·중동·남아프리카의 방송권을 관리하는 VUCLIP(뷰클립) 등에 판권 계약을 따냈다. 그리고 보란 듯이 12월 7일 '크리에이터 얼라이언스'를 출범했다. 쉽게 말해 제작사들끼리 힘을 합쳐 공동 제작해 수익을 공유하자는 업계 최초의 시도인 것이다.

사실 이 같은 제작사끼리의 공동 제작 모델도 유심히 들여

OSEN

"IP 확보→수익 극대화"..제작사 연합 '크리에이터 얼라이언스' 출범[종합]

기사입력 2021.12.06. 오후 12:06 | 기사원문

👍 2

글꼴 ▾ — + 🖨

▲ 크리에이터 얼라이언스 관련 기사

자료: OSEN(2021년 12월 6일)

다볼 이유가 있다. 결국 드라마 제작에서 문제가 되는 것이 자본이라면 제작사끼리 자본을 합쳐 드라마를 제작하는 것이 업무 효율 측면에서 더욱 유리하기 때문이다. 이 얼라이언스에는 IHQ, 스튜디오 산타클로스, 김종학 프로덕션 등이 참여했다. 얼라이언스 관계자는 "기존 드라마 IP 유통은 드라마 제작사가 아닌 제작비를 대는 유통 채널에 귀속된 사례가 많았

다. 이 얼라이언스는 자체 제작을 통해 IP를 제작 그룹이 보유하는 동시에 콘텐츠의 수익성도 극대화할 계획이다."라며 포부를 밝혔다.

핵심 성장주 4개 종목

이제부터 소개하는 종목은 초록뱀미디어에 비해 아직까지는 자본력이 부족하다고 볼 수 있다. 그래서 그들은 1년에 딱 한 작품을 자체 제작으로 내놓거나, 차선으로 공동 제작의 방식을 택할 것이다. 사실 그 한 작품만 해외 판매에 성공한다고 해도 이를 통해 수취할 수 있는 영업이익은 최소 50억 원을 넘어선다.

그리고 현재 싱가포르에 본사를 둔 미디어 유통사 VUCLIP은 중국 등 일부 국가를 제외한 전 세계 방영권을 드라마가 국내에 방영되기도 전에 미리 80억 원 정도에 사들이고 있다. OTT 경쟁이 심화되면서 각 유통사는 시기를 앞당겨 드라마의 방영권을 미리 사재기하려는 행동을 보이고 있는 것이다. 현재는 K-드라마를 열풍이 지속됨에 따라 제작해놓고 팔리지 않을 걱정을 하지 않아도 되는 상황이다. 정말 단순하게 말해 현금 200억 원만 있다면 적게 잡아도 제작 비용을 제하고도 50억 원 이상의 영업이익을 거둘 수 있는 시대가 된 것이다.

아직까지 축적된 현금이 부족한 이들 기업은 방송사와의 공동 제작을 시작했다. 그리고 더도 말고 덜도 말고 딱 두 작품만 성공시키면 이제 본격적인 100% 자체 제작을 시작할 것이다. 예를 들어 2022년 한 해 2편의 웰메이드 드라마 자체 제작에 성공하게 된다면 얻을 영업이익은 200억 원을 넘어선다. 실적이 4배나 상승하는 것이다. 이후 막대하게 늘어나는 현금 흐름을 바탕으로 자체 제작의 양을 더 늘리고, 중소 제작사를 인수해 연결 자회사로 편입시킨다면 스튜디오드래곤 정도의 규모로 성장하는 시나리오도 상상해볼 수 있다.

1. 래몽래인

래몽래인은 2022년 9월 28일 기준 시가총액 1,224억 원에 불과한 소형 드라마 제작사다. 래몽래인은 2007년 설립되었으며 대표작으로는 2010년 방영된 송중기, 박민영 주연

래몽래인 재무 정보

(단위: 억 원)

주요 재무 정보	2019.12	2020.12	2021.12
매출액	200	347	410
영업이익	13	37	32
당기순이익	15	32	23

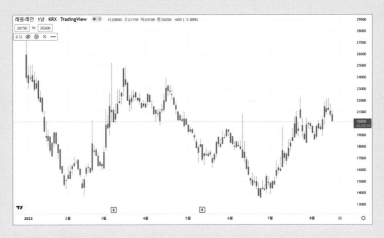

▲ 래몽래인 주가차트

래몽래인은 떠오르는 소형 드라마 제작사다.

의 KBS 월화드라마 〈성균관 스캔들〉이 있다. 〈성균관 스캔들〉은 14.3%의 최고 시청률을 거두며 흥행에 성공했고, 래몽래인은 이 작품으로 제6회 서울 드라마 어워즈 한류드라마 작품 우수상을 받는 쾌거를 거뒀다. 이후 〈뷰티풀 마인드〉, 〈광고천재 이태백〉, 〈어쩌다 발견한 하루〉, 〈내가 가장 예뻤을 때〉, 〈학교 2021〉 등을 제작했다. 래몽래인의 영업이익은 콘텐츠 수요 증가에 따라 3년 연속 급속도로 성장하고 있다.

래몽래인의 김동래 대표는 30년간 드라마 제작 프로듀서로 활동해왔고 50여 편의 작품에 참여한 실무자 출신이다. 그렇기 때문에 누구보다 드라마 시장의 메커니즘을 잘 이해하고 있고, 경영을 통해 이를 증명하고 있다. 일례로 무려 12년 전 방영된 〈성균관 스캔들〉의 경우 100% 직접 투자로 진행되었고, 래몽래인은 이에 과감하게 51억 원 제작비 전액을 투자했다. 현재까지 이 드라마의 누적 매출은 150억 원을 가뿐히 넘어선다.

이렇게 래몽래인은 〈성균관 스캔들〉의 방영권 매출을 통해 일시에 수십억 원을 벌어들일 수 있었고, 이를 통해 비교적 업력이 짧음에도 코넥스부터 코스닥까지 순차적으로 증시에 입성할 수 있었다. 이후로도 〈성균관 스캔들〉은 송중기 배우가 출연한 〈태양의 후예〉의 대흥행 덕에 글로벌 팬덤이 증가해 그 생명력이 더해져 장기간 래몽래인에 막대한 부가가치를 가져다주었다. 〈태양의 후예〉에 심취한 동남아 및 중동 지역 팬덤이 송중기 배우의 전작들을 보기 시작하면서 〈성균관 스캔들〉의 역주행으로 이어졌고, 래몽래인은 해당 방영권을 동남아 및 미주 지역에 팔게 되면서 80억 원의 추가 수익을 거뒀다.

2022년 하반기 송중기 배우와 김동래 대표의 비즈니스 감각이 만나 〈재벌집 막내아들〉이 탄생한다. 송중기 배우 역시 많은 시나리오 중 그의 출세작이라고 볼 수 있는 〈성균관 스캔들〉을 만든 래몽래인의 시나리오를 택하며 의리를 지켰고, 김동래 대표는 이 작품을 JTBC와 래몽래인의 50 대 50 합작 투자 방식으로 기획했다. 래몽래인은 드라마 총제작비 291억 원 중 절반인 146억 원을 맡았다. 이는 규모가 작은 래몽래인의 입장에서 모든 것을 건 최선의 한 수이며, 이 한 수는 높은 확률로 큰 성공을 거두리라 예측된다.

드라마가 흥행에 성공하기 위해서는 일단 드라마가 재미있어야 하고 이를 통해 시청률이 잘 나와야 한다. 그러나 이 재미에 대한 부분은 실제로 드라마가 방영되기 전까지 우리가 알 수 있는 방법은 없다. 그래서 재미 이외의 요소들로 흥행을 점쳐야 하는 것이다. 재미 외 가장 중요한 요소는 바로 '팬덤'이다. 팬덤이 있는 작품은 시작 전부터 큰 기대를 모으고 드라마의 전개가 그 기대에 부합하기만 한다면 높은 확률로 흥행

▲ 문피아에서 연재 중인《재벌집 막내아들》

으로 이어지게 된다. 〈재벌집 막내아들〉은 이 두 가지 요소를 모두 갖추었다. 바로 송중기 배우의 글로벌 팬덤과 원작 웹소설 팬덤이 존재하기 때문이다.

《재벌집 막내아들》은 산경 작가의 인기 웹소설로 순양그룹이라는 재벌가에서 뒤처리 일을 해주며 머슴 같은 인생을 살고 있던 주인공 '윤현우'가 그룹 회장의 비자금 문제로 죽임을 당하면서 시작된다. 토사구팽 식으로 죽임을 당한 윤현우는 창업주의 막내아들 '진도준'으로 환생하면서 복수를 위해 자신이 머슴처럼 일했던 그룹을 통째로 삼키기 위해 움직인다는 것이 드라마의 주된 서사다.

문피아에서 2017년 2월 20일 처음 연재된《재벌집 막내아들》은 누적 조회 수가 3천만을 넘어섰다. 해당 웹소설은 네이버와 카카오 플랫폼에도 등록되어 있는데, 이들을 종합적으로 고려했을 때 구독자 수만 100만 명을 넘어섰을 것으로 예측된다. 이 100만 독자들은 드라마가 방영되는 즉시 높은 확률로 해당 드라마를 시청할 것이다. 이미 시청률의 기반이 탄탄한 셈이다.

또한 드라마의 주연배우 송중기는 〈태양의 후예〉로 중화권과 동남아, 중동 지역에서 가장 선호하는 배우로 자리매김하고 있다. 송중기 배우의 전작 〈빈센조〉는 넷플릭스 글로벌 차트 4위를 기록할 정도로 큰 인기를 얻었다. 특히 이 인기는 아시아와 중동 국가에 집중되어 있었고, 이는 드라마의 내용보다 배우 송중기 팬덤의 영향이 컸다고 볼 수 있다. 〈빈센조〉는 일본은 물론 싱가포르, 베트남, 필리핀 등 동남아 대다수 국가에서 넷플릭스 '많이 본 콘텐츠' 1위에 당당히 등극했다. 이 인기는 〈재벌집 막내아들〉로도 이어질 것이다.

스타 배우가 가진 힘은 삼화네트웍스의 〈지금, 우리 헤어지는 중입니다〉를 통해 유추해볼 수 있다. 이 드라마는 중화권을 위주로 큰 인기를 끌고 있는 송혜교 배우가 주연을 맡았으며 2022년 1분기 중국 판매에 성공했다. 삼화네트웍스는 이 드라마 하나의 판권 매각으로 100억 원이 넘는 매출을 올렸다. 그러나 한류 드라마의 주요 소비 계층이 3040 여성인 만큼 송중기 배우의 티켓 파워는 송혜교 배우보다 상대적으로 우위에 있다고 볼 수 있다.

톱급 배우의 작품의 경우 흥행이 보장되었기에 국내에 드라마가 방영되기 전 해외 유통사와 선계약을 맺기도 한다. 유통과 관련해 싱가포르에 본사를 둔 미디어 스트리밍 기업 VUCLIP은 중동 및 아시아 지역에 700만 명 이상의 가입자를 가진 VOD 플랫폼을 보유하고 있다. 이 기업은 동남아시아 및 중동 지역 라이선스 방영권 매입 대가로 50억 원에서 150억 원을 드라마 제작사에 제공하고 이는 일시에 각 사의 영업이익으로 환원된다. 그래서 드라마가 본격적으로 흥행하기 전 미리 재무제표에 이 같은 매출 사항이 반영될 수 있으니 매수 시점을 당초 계획보다 앞당기는 것을 추천한다.

일례로 2022년 4월 23일 MBC에 방영된 삼화네트웍스의 〈지금부터, 쇼타임!〉의 방영권을 VUCLIP은 무려 2021년 9월 27일에 매입했다. 그리고 2022년 4월 28일 방영된 삼화네트웍스의 〈어게인 마이 라이프〉의 판권 역시 2021년 11월 9일에 구입했다. 두 작품 모두 드라마의 제작 단계에서부터 미리 구입 의사를 타진한 것이다.

이들 사례처럼 〈재벌집 막내아들〉의 판권 역시 드라마 방영 전 미리 판매될 확률이 상당히 높을 것으로 전망된다. JTBC는 '제이콘텐트리'라는 별도의 드라마 스튜디오를 보유하고 있고, 해외 방영권 수출에 있어서도 수많은 경험과 정밀한 네트워크를 보유하고 있다. 그렇기에 판권과 관련해서는 JTBC 측이 그 과정을 주도해 강력한 협상력을 바탕으로 래몽래인에게 80억 원 이상의 영업이익을 벌어다 줄 것으로 전망된다.

이러한 기대 수익과 달리 2021년 래몽래인의 영업이익은 고작 32억 원에 불과하다. 그러나 보수적으로 가정해도 래몽래인은 이 드라마를 한 편을 통해 최소 80억 원의 영업이익을 수취할 것으로 전망된다. 이 외에도 하방을 받쳐줄 본업인 드라마 외주 제작 또한 활발하게 이루어지고 있다. 2022년에만 〈잔혹한 인턴〉, 〈백설공주에게 죽음을〉, 〈뉴노멀진〉, 〈트랙터는 사랑을 싣고〉 등 4개의 OTT발 드라마 라인업을 갖추었다. 이미 이를 통해 2021년 수준의 영업이익은 확보했다. 여기에 〈재벌집 막내아들〉로 인한 추가 수익이 덧붙여져 래몽래인은 2022년 창사 이래 최대 실적을 거둘 것으로 강력하게 전망된다.

2021년 말 기준 래몽래인의 현금성 자산은 232억 원으로 동종 규모 제작사 가운데 월등한 수준에 해당한다. 이들 중 현금의 대부분은 2021년 말 코스닥 이전 상장을 할 때 발생한 공모 자금이다. 중소형 드라마 제작사들이 이제 막 자체 제작에 나서기 시작했는데 그 출발점에서 자금 여력이 좋다는 것은 굉장한 호재다. 〈재벌집 막내아들〉의 성공으로 래몽래인이 추가 영업이익을 수취하게 된다면 추후 직접 100% 자체 제작 영화나 드라마를 선보일 것으로 예상된다. 우선 2022년 실적이 폭증하고 이를 발판 삼아 자체 제작 라인업의 추가 구축도 가능할 것으로 보인다.

2019년 래몽래인은 종합콘텐츠 회사 '위지윅스튜디오'에 인수되었다. 위지윅스튜디오는 연평균 1천억 원의 영업이익을 창출하고 있는 컴투스의 자회사다. 양 사 모두 시가총액이 1조 원이 넘는 거대 기업이고, 위지윅스튜디오는 자본력을 바탕으로 배우 매니지먼트 회사를 연달아 인수하고 있다. 이처럼 모회사가 아티스트 매니지먼트 자회사를 보유함에 따라 래몽래인 또한 드라마 기획에 있어 강점도 생겼다.

앞서 출간한 책에서 게임사들이 자신들의 포트폴리오 확장 및 주가 부양을 위해 필사적으로 콘텐츠 사업에 뛰어들고 있다고 언급했다. 그리고 이들 중 가장 활발한 움직임을 보이는 회사가 바로 '컴투스'다.

앞에서 말했지만 스튜디오드래곤에게 CJ E&M이 있었다. CJ E&M은 드라마가 기획되기도 전에 스튜디오드래곤에게 돈을 미리 주는 식으로 스튜디오드래곤을 성장시켰다. 본격적으로 제작에 돌입하기 전 제작비를 미리 받는 것을 회계적으로 단기 선수수익으로 처리되는데, 2021년 말 기준 스튜디

▲ 컴투스와 위지윅스튜디오
콘텐츠 사업에 뛰어들며 래몽래인에 투자하고 있다.

오드래곤의 단기 선수수익은 무려 945억 원에 달한다. 이것이 바로 스튜디오드래곤이 자금에 대한 걱정 없이 여러 실험적인 시도를 하고 계속해서 흥행에 성공한 주요 원인 중 하나다. 스튜디오드래곤에게는 CJ E&M이 있다면 래몽래인에게는 위지윅스튜디오와 컴투스가 있다.

래몽래인의 주가는 오르기 쉬운 상황이며 주가가 오를 시 가장 수혜를 입는 이는 바로 최대주주다. 그래서 위지윅스튜디오와 컴투스는 래몽래인을 정성스럽게 키울 것이며 뒤이은 후속 투자의 가능성도 결코 작지 않다.

래몽래인은 2007년 설립 이래로 무려 15년간 김동래 대표가 경영해왔다. 그는 드라마 제작사가 성장하기 위해서 IP 확보가 필요함을 누구보다 일찍 깨우치고 행동에 옮긴 선구자다. 그는 언론사와의 인터뷰에서 영화 제작을 시도할 것이라고 말했다. 영화 제작은 드라마 제작에 비해 IP 판매가 빠른 속도로 이루어지고 제작도 상대적으로 단기에 이루어진다. 그렇기 때문에 현금 흐름 창출에 용이하다는 장점이 있고, 분명 시도해볼 만한 영역이다. 이처럼 그는 래몽래인이 대형사로 거듭나기 위해 가야 할 방향성을 정확하게 인지하고 이를 행동에 옮기는 리더다.

현재 모든 상황이 래몽래인에게 유리하게 조성되어 가고 있다. 그리고 주가는 우리를 기다려주고 있다. 종합 콘텐츠 기업으로의 변화할 레몽래인의 미래는 지켜볼 만한 가치가 분명 있다.

 투자 포인트

〈재벌집 막내아들〉의 글로벌 흥행과
이를 통한 2022년 100억 원 영업이익을 기대해보자.

2. 팬 엔터테인먼트

1998년 설립된 팬 엔터테인먼트는 한류 열풍의 원조인 〈겨울연가〉를 제작한 드라마 제작사다. 이 외에 대표작으로는 〈킬미 힐미〉, 〈쌈 마이웨이〉, 〈왜그래 풍상씨〉, 〈동백꽃 필 무렵〉, 〈청춘기록〉, 〈라켓소년단〉 등이 있다. 래몽래인의 강점이 대표의 사업 감각이라면 팬 엔터테인먼트의 강점은 '톱(TOP) 작가' 군단이라고 할 만하다. 업계에서 드라마는 작가 놀음이라는 말이 있다. PD의 연출도 물론 중요하지만 드라마는 기본적으로 각본에서 출발하기 때문이다.

팬 엔터테인먼트는 20년이 넘는 긴 업력만큼 진수완, 임상춘, 박경수, 조성희, 권음미, 오지영, 정보훈 등 국내 내로라하는 작가 군단을 보유하고 있다. 회사에 소속된 작가 수만 해도 20명이 넘어 최고 규모 수준을 유지하고 있다. 그중 최근 두각을 드러내고 있는 작가는 〈응답하라 1994〉, 〈응답하라 1988〉, 〈슬기로운 감빵생활〉, 〈라켓소년단〉을 집필한 정보훈 작가와 〈쌈 마이웨이〉, 〈동백꽃 필 무렵〉을 집필한 임상춘 작가가 있다.

9월 28일 기준 팬 엔터테인먼트의 시가총액은 904억 원 수

팬 엔터테인먼트 재무 정보

(단위: 억 원)

주요 재무 정보	2019.12	2020.12	2021.12
매출액	400	247	304
영업이익	11	25	15
당기순이익	11	18	40

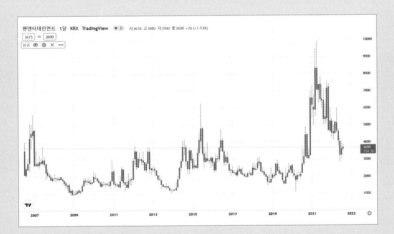

▲ 팬 엔터테인먼트 주가차트

팬 엔터테인먼트는 톱 작가 군단을 소유한 드라마 제작사다.

준에 불과하지만 서울시 마포구 상암동 사옥을 포함한 투자 부동산의 장부가액만 575억 원에 달한다. 이 외에도 2021년 말 기준 현금성 자산 159억 원을 보유하고 있어 팬 엔터테인 먼트의 견실한 재무구조를 엿볼 수 있다.

2021년 팬 엔터테인먼트는 KBS 주말 드라마 〈오케이 광자 매〉, SBS 미니시리즈 〈라켓소년단〉, MBC 일일드라마 〈두 번째 남편〉을 제작했는데 그중 〈라켓소년단〉은 팬 엔터테인먼 트의 드라마 가운데 〈겨울연가〉 이후 처음으로 IP를 100% 보 유하는 작품이다.

〈라켓소년단〉의 평균 시청률은 약 5%로 크게 성공을 거두 진 못했지만 이후 넷플릭스에 방영권을 판매해 추가 수익을 창출했다는 점에서 의의가 크다. 5% 수준의 시청률로도 제작 비 이상의 영업이익을 벌어들였기에 팬 엔터테인먼트는 추후 부담 없이 자체 제작에 나설 수 있을 것이다.

팬 엔터테인먼트가 이렇게 〈라켓소년단〉을 자체 제작할 수 있었던 배경에는 〈라켓소년단〉이 스타 배우의 기용 없이 제 작되어 제작비가 140억 원에 그쳤기 때문이다. 2021년 5월 31일 SBS의 첫 방송을 앞둔 5월 20일 〈라켓소년단〉은 넷플릭 스에 방영권을 선판매했고, 이를 통해 당해 매출 중 드라마 수 출 비중은 52억 원에서 101억 원으로 급성장했다.

현재의 시점에서 팬 엔터테인먼트에 주목해야 하는 이유

는 타 제작사들에 비해 2022년과 2023년 드라마 라인업이 독보적이기 때문이다. 물론 이들 작품의 경우 IP의 공유 여부에 관해서는 아직 공식화된 바 없다. 그러나 2020년 박보검 배우가 출연한 〈청춘기록〉을 CJ E&M 측과 공동 투자해 IP의 50%를 가져갔다는 점, 2021년 〈라켓소년단〉의 IP를 100% 가져갔다는 점을 미루어 다음의 라인업 중 대다수 작품 또한 IP 공동 보유의 형태로 제작되었으리라고 추정된다. 다만 이 방식이 래몽래인과 같이 구체화되지 않았다는 점이 팬 엔터테인먼트의 디메리트 요인이라고 할 수 있다.

팬 엔터테인먼트의 방영 예정 라인업은 다음과 같다.

1. 가우스전자: 웹툰 원작

2. 국민사형투표: 웹툰 원작

3. 반짝이는 워터멜론(가제): 〈킬미 힐미〉, 〈경성스캔들〉, 〈시카고 타자기〉
    진수완 작가 신작

4. 찬란한 너의 계절에(가제): 〈그녀는 예뻤다〉 조성희 작가의 신작

5. 〈동백꽃 필 무렵〉, 〈쌈 마이웨이〉를 집필한 스타 작가 임상춘의 신작

이 중에서도 우리는 인기 웹툰 원작 드라마 〈국민사형투표〉에 주목해야 한다. 드라마화되는 원천 IP의 종류에는 크게 웹툰과 소설이 있는데 웹툰은 이미 수십만 열성 독자를 보유

현재의 시점에서 팬 엔터테인먼트에

주목해야 하는 이유는 타 제작사들에 비해

2022년과 2023년 드라마 라인업이

독보적이기 때문이다.

하고 있는 상태에서 영상화되기에 마케팅 효율이 굉장히 뛰어난 편이다. 〈이태원 클라쓰〉와 〈지금 우리 학교는〉의 예를 보면 알 수 있다.

카카오페이지의 〈국민사형투표〉는 20대 사이에서 큰 반향을 얻었으며 누적 구독자 수 56만 명에 이르는 AAA급 웹툰이다. 이 사실을 통해 어느 정도의 흥행 지지선을 확보했다고 보아도 무방하다. 넷플릭스 드라마 〈소년심판〉을 통해 알 수 있듯 사회적 이슈를 담고 있으면서 자극적인 소재의 드라마가 강세를 보인다. 게다가 〈국민사형투표〉는 원작 자체의 팬덤도 견고하게 형성되어 있기에 대흥행 가능성을 내포하고 있다. 다만 현재 주연배우 라인업이 나오지 않아 티켓 파워를 예측할 수 없다는 점이 아쉽다.

이 외 다른 네 작품도 흥행력이 입증된 작가에 의해 제작되기에 시청률을 기대해볼 만하다. 래몽래인의 경우 업력이 짧고 조직 규모가 크지 않은 만큼 추후 라인업이 〈재벌집 막내아들〉에 편중되어 있지만, 팬 엔터테인먼트는 5개의 작품 모두 초 흥행의 가능성을 내포한 대작이라는 점에서 큰 강점이 있다. 투자 비율 및 제작 관련 사항이 공표된 바 없지만 이러한 모호함이 오히려 주가를 누르는 역할을 하고 있기에 정보가 개방되기 전 선제적으로 포트폴리오의 편입시키는 방법 또한 추천할 만하다.

2022년, 2023년 중소 드라마 제작사들 가운데
단연 최고의 라인업 보유한
팬 엔터테인먼트에 주목하자.

3. 삼화네트웍스

삼화네트웍스는 현재 활발하
게 활동 중인 국내에서 가장
오래된 드라마 제작사다. 삼
화네트웍스의 전신인 '삼화
비디오 프로덕션'은 무려 1980년 9월에 설립되었다. 이후
1995년 〈왕초〉, 2001년 〈명성황후〉, 2004년 〈부모님 전상서〉,
2010년 〈제빵왕 김탁구〉, 2016년 〈낭만닥터 김사부〉 등 지상
파 3사의 드라마 역사에 한 획을 그은 걸출한 흥행작들을 내
놓았다. 삼화네트웍스는 역사가 오래된 만큼 지상파 방송사
와의 긴밀한 협업과 신뢰를 기반으로 제작비가 150억 원이
넘어가는 대작들을 위주로 포트폴리오를 꾸려나갔고, 국민적
사랑을 받은 대작에 특히 강점을 보이는 블록버스터 드라마

삼화네트웍스 재무 정보

(단위: 억 원)

주요 재무 정보	2019.12	2020.12	2021.12
매출액	542	293	329
영업이익	2	-2	68
당기순이익	7	-10	64

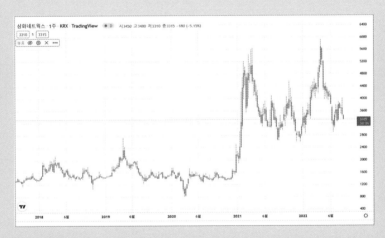

▲ 삼화네트웍스 주가차트

삼화네트웍스는 업력이 긴 드라마 제작사다.

의 강자다.

2000년 초부터 2010년까지가 삼화네트웍스의 전성기였다. 〈천사의 유혹〉, 〈신돈〉, 〈부모님 전상서〉 등 작품을 내는 족족 모두 히트를 했던 것이다. 그러나 2017년부터 흥행 타율은 급락했다. 종편이 생기고 OTT가 서비스되는 등 소비자의 선택지가 다변화되면서 소비자들이 가벼운 드라마를 선호하기 시작했고 삼화네트웍스가 가진 강점은 퇴색되기 시작했다. 심지어 2017년을 기점으로 강점으로 연달아 흥행에 실패한 것이다. 〈변혁의 사랑〉의 최고 시청률은 3.8%, 〈멜로가 체질〉의 최고 시청률 1.8%, 〈쌍갑포차〉의 최고 시청률 3.7%로 삼화네트웍스는 흔들리기 시작했다. 역사가 깊은 만큼 강은경, 김수현, 문영남 등 드라마계의 거장이라 불리는 작가를 보유하고 있지만, 반대로 OTT 채널과 MZ세대 감성에 맞는 과감하고 빠른 전개의 작품을 만들어낼 역량은 부족했던 것이다.

최근에서야 시대의 요구에 맞춰 조금씩 변화하기 시작했다. 삼화네트웍스는 젊은 작가들을 대거 영입하며 〈어게인 마이 라이프〉라는 웹소설 원작 회귀물을 선보이는가 하면, 〈지금부터, 쇼타임!〉을 통해 귀신이 등장하는 코믹 장르에도 도전장을 내밀었다. 〈어게인 마이 라이프〉는 2022년 4월 8일 SBS를 통해 방영되어 시청률 10% 수준으로 선전했다.

우리는 삼화네트웍스 재무제표 중 2021년의 결과에 주목해야 한다. 매출액은 329억 원으로 전년에 비해 소폭 증가했지만 영업이익은 오히려 68억 원으로 급격히 성장했다. 이유가 무엇일까. 송혜교 배우 주연의 〈지금, 헤어지는 중입니다〉는 2021년 11월 방영되었고, 평균 시청률은 8% 수준으로 선방했다. 그리고 이 작품은 삼화네트웍스가 IP를 확보한 드라마다. 이것이 자체 제작이 가진 힘인 것이다. 삼화네트웍스는 국내 방영권을 스튜디오 S(SBS)에, 해외 OTT 방영권(한국·중국·일본 제외)을 VUCLIP에 판매했고, 일본 방영권을 코퍼스코리아에 판매했다.

코퍼스코리아는 2005년 설립되어 일본 내 한류 콘텐츠를 유통하는 독점 사업자로 9월 28일 기준 시가총액 715억 원에 2021년 영업이익 103억 원을 거둔 건실한 기업이다. 그리고 2021년 〈달리와 감자탕〉이라는 드라마를 자체 제작해 KBS에 공급했고 시청률 5% 수준의 준수한 성적을 거두었다.

코퍼스코리아는 일본 배급 사업이라는 든든한 캐시카우를 보유하고 있고, 유통을 넘어 제작까지 뛰어들었기에 매력적인 기업임이 분명하다. 또한 2021년 8월 300억 원 규모의 전환사채를 발행해 2021년 말 기준 267억 원의 현금을 보유해 자본력 또한 강하다고 생각되나 〈달리와 감자탕〉 외 흥행 드라마 제작 역량에 대한 입증이 필요하다고 판단해 책에

▲ 한류 콘텐츠 전문기업 코퍼스코리아

기재하는 것을 보류했다. 여하튼 결론적으로 오래간 유통 사업을 전문으로 하던 코퍼스코리아가 드라마 자체 제작에 나선 것을 보면 알 수 있는 사실은 이 사업이 분명 돈이 된다는 것이다.

다시 본론으로 넘어와서 2021년 삼화네트웍스가 내놓은 드라마는 〈지금, 헤어지는 중입니다〉단 하나인데 이를 통해 이 같은 영업이익을 창출한 것이다. 그리고 이 수익화 과정은 아직까지도 끝나지 않았다. 2022년 2월 중국 방송사에 뒤늦게 드라마의 방영권을 판매한 것이다.

과거 삼화네트웍스는 특유의 보수적 경영으로 무차입 경영을 고수해오고 있었다. 그래서 2019년 유동부채는 51억 원, 2020년은 19억 원에 불과했으나, 2021년에는 219억 원까지

급격하게 늘어났다. 자체 IP 드라마를 연달아 선보이게 되면서 금융기관을 통해 자금을 수혈받았기 때문이다. 2022년에 선보인 〈지금부터, 쇼타임!〉, 〈어게인 마이 라이프〉, 〈금수저〉 세 작품 모두는 삼화네트웍스가 IP를 보유하고 있다. 〈멘탈리스트〉의 경우 외주 제작의 형태로 추정된다. 〈지금부터, 쇼타임!〉의 경우 100%, 〈어게인 마이 라이프〉의 경우 80%를 보유하고 있고, 〈금수저〉의 공동 제작으로 50%의 이상 지분을 확보하고 있으리라 추정된다.

삼화네트웍스는 부채 조달과 동시에 드라마 방영 전 미리 방영권을 판매하는 방법으로 현금 흐름을 개선시키고 있다. 〈지금부터, 쇼타임!〉, 〈어게인 마이 라이프〉의 방영권은 싱가포르 VUCLIP에 방영 전 판매되었다. 〈어게인 마이 라이프〉가 방영된 것은 2022년 4월이나 방영권이 판매된 것은 2021년 11월이다. 한류스타 이준기의 흥행력과 삼화네트웍스가 오랫동안 쌓아올린 레코드를 보고 유통사 측에서도 전폭적인 신뢰를 보여준 것이다. 이러한 과정을 통해 삼화네트웍스는 무리 없이 한 해에 세 편의 자체 IP 작품을 제작하는 성과를 거둘 수 있었다.

〈어게인 마이 라이프〉는 SBS에 56억 원에 방영권을 판매했고, 〈지금부터, 쇼타임!〉은 MBC에 75억 원에 방영권을 판매했다. 국내의 경우가 이렇고, 해외 방영권 매각을 통해 두 드라마는 각각 최소 150억 원 수준의 매출을 발생시킬 것으로 전망된다. 그보다 중요한 것이 하반기에 방영 예정인 〈금수저〉다. 래몽래인에게 〈재벌집 막내아들〉과 팬 엔터테인먼트에게 〈국민사형투표〉가 있는 것처럼 삼화네트웍스에게는 〈금수저〉가 있다.

〈금수저〉는 네이버 웹툰 원작으로 네이버의 콘텐츠 자회사 '스튜디오 N'과 공동 제작한 드라마이며 MBC를 통해 방영될 예정이다. 가난한 집에서 태어난 아이가 우연히 얻게 된 금수저를 통해 부잣집에서 태어난 친구와 운명을 바꿔 후천적 금수저가 된 인생 어드벤처 드라마다. IP 배분 비율에 관해서는 아직 공개된 바 없으나 삼화네트웍스와 스튜디오 N이 각 6 대 4 비율을 가질 것으로 추측된다.

웹소설 원작 〈어게인 마이 라이프〉와 웹툰 원작 〈금수저〉를 통해 삼화네트웍스는 기존 정통 블록버스터 드라마 명가에서 탈피해 트렌디한 드라마 제작사로 탈바꿈할 예정이다. 〈금수저〉의 연출에는 〈연모〉, 〈또! 오해영〉, 〈뷰티 인사이드〉를 연출해 감각적인 제작 역량을 보여준 국내 톱급 제작 인력인 송현욱 PD가 투입되었고, 각본은 〈겨울연가〉, 〈낭랑 18세〉, 〈총리와 나〉 등을 집필한 윤은경 작가와 김은희 작가가 맡았다. 주연에는 아이돌 출신으로 팬덤이 고정적으로 존재하는 육성재 배우와 정채연 배우가 맡았다. 윤은경 작

삼화네트웍스는

2022년 라인업 세 작품 모두의 IP를

보유하고 있다는 것이 가장 큰 장점이다.

가의 무려 8년 만의 복귀작이며, 정통성 있는 각본과 트렌디한 드라마 연출의 대가 송현욱 PD가 의기투합해 시너지를 낼 수 있을지 그 귀추가 주목된다. 〈어게인 마이 라이프〉에서도 좋은 움직임을 보여줬기에 〈금수저〉 또한 10% 이상의 시청률을 기대해볼 만하다.

삼화네트웍스는 2022년 라인업 세 작품 모두의 IP를 보유하고 있다는 것이 가장 큰 장점이다. 현재 공급 계약 공시를 통해 실제 실적 추이를 예상할 수 있음에도 큰 주가 변동이 없는 것 또한 메리트 요인이다. 〈지금, 헤어지는 중입니다〉의 중국 방영권 수익 일부가 2022년 실적으로 환입되고 위 세 드라마의 방영권 판매와 〈멘탈리스트〉의 매출을 고려했을 때 2022년 예상 영업이익은 150억 원 수준이다. 〈금수저〉의 흥행에 따른 수급 개선으로 삼화네트웍스의 재평가가 기대된다.

투자 포인트

공급 계약 공시를 통해 유추할 수 있는
창사 이래 최대 실적의 삼화네트웍스에 주목하자.

4. 애니플러스

애니플러스는 2004년 설립된 생활경제TV에서 출발했다. 2009년 제이제이미디어웍스는 생활경제TV를 인수해 애니플러스로 사명을 바꾸고, 방송 분야를 애니메이션으로 변경했다. 애니플러스는 현재 동명의 애니메이션 채널을 보유하고 있는 유통사임과 동시에 국내 일본 애니메이션 수입 관련해 독점적 위치에 서 있다. 애니플러스는 국내에 수입되어 유통되던 애니메이션 대다수가 청소년·유아 대상에 그친다는 것에 착안해 성인이 즐길 만한 스토리가 탄탄한 일본 애니메이션을 본격 유통하기 시작했다. 애니플러스 채널은 KT, SK, LG IPTV 3사에 의해 공급되며, 최근 넷플릭스로까지 애니메이션 공급을 확장했다.

이 외에도 '미디어앤아트'라는 자회사를 통해 전시 사업을 운영하고 있다. 큐레이팅 역량이 탁월해 MZ세대들이 열광할 만한 콘텐츠로 '요시고 사진전', '우연히, 웨스 앤더슨' 등의 전시회를 열어 2021년 한 해에만 73억 원 매출을 기록했다. 전시 사업 부문은 2022년 위드 코로나 본격화로 인해 4개 전시장을 모두 가동해 매출 증가가 예상된다. 2022년 개최된 '레

애니플러스 재무 정보

(단위: 억 원)

주요 재무 정보	2019.12	2020.12	2021.12
매출액	184	159	490
영업이익	-	-10	130
당기순이익	-17	-40	213

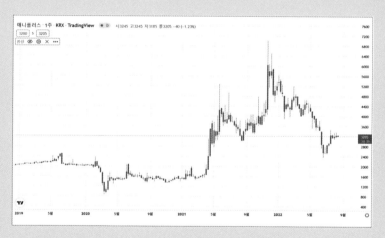

▲ 애니플러스 주가차트

애니플러스는 위매드를 인수한 뒤 떠오르는 드라마 제작사다.

드룸: 러브 이즈 인 디 에어(Red Room: Love Is in the Air)' 전시회는 인터파크 예매율 1위를 기록했고, '포에틱 AI(Poetic AI)'도 인터파크 예매율 3위를 기록하는 등 후속 전시에 대한 관심도 뜨겁다.

2021년 부문별 실적은 콘텐츠(애니메이션 유통 등) 223억 원, 전시 및 드라마 233억 원, 상품 35억 원으로 고르게 분포되어 있다. 그리고 2021년 말 기준 현금 보유액은 440억 원으로 비슷한 시가총액 규모의 콘텐츠사 가운데 단연 최고 수준을 자랑한다.

애니플러스의 비즈니스 모델은 싱가포르의 VUCLIP과 유사하다. 일본 신작 애니메이션의 세계 방영권을 사들여 이들을 OTT 플랫폼에 판매하거나 자체 채널을 통해 방영하는 식으로 사업을 영위한다. 이 방영권 매입 비용으로 인해 실적 변동성이 심하다는 점은 디메리트 요인으로 꼽힌다.

반대로 가장 큰 메리트 요인이자 핵심 투자 요소는 바로 드라마 제작 자회사 '위매드'다. 위매드는 2019년 6월 설립된 신생 드라마 제작사다. 애니플러스에 인수당한 그 즉시 〈옷소매 붉은 끝동〉을 흥행시키며 역량을 여과 없이 과시했다. 이 드라마의 평균 시청률은 무려 16%를 기록했으며 주연배우 이준호는 MBC 연기대상을 받으며 화제의 중심에 섰다.

애니플러스는 이 드라마 하나로 161억 원의 매출을 창출했고 이를 토대로 2021년 창사 이래 최고 실적을 거둘 수 있었다. 애니플러스는 2020년 6월 위매드를 고작 10억 원에 인수했는데, 이후 〈옷소매 붉은 끝동〉을 통해 한 해 매출만 161억원을 창출한 것을 보면 가히 업종을 불문하고 최고의 M&A라 부를 만하다.

위매드의 이현욱 대표는 드라마 〈파리의 연인〉 마케팅 프로듀서를 거쳐, 래몽래인에서 드라마 〈성균관 스캔들〉 등 5개 작품 제작본부장으로 일했다. 래몽래인과의 연결고리가 돋보이는 대목이다. 이 대표는 래몽래인 재직 후 '메이퀸픽쳐스'라는 제작사에서 드라마 〈최고의 치킨〉 제작총괄이사로 재직하고 있었는데, 〈최고의 치킨〉을 애니플러스의 케이플러스 채널로 유통하는 과정에서 애니플러스와 연을 맺었고, 추후 회사의 인수로까지 이어진 것이다.

위매드는 2022년에도 총 3편의 드라마를 제작할 예정이며 이들 중 작품의 흥행에 성공 시 팬 엔터테인먼트, 삼화네트웍스, 래몽래인 등과 어깨를 견줄 만한 제작사로 급부상할 것이다. 업력은 짧지만 첫 대형작이 소위 말하는 대박을 치면서 위매드는 고속 성장할 계기를 스스로 마련했다. 〈옷소매 붉은 끝동〉 이후 제작할 3편의 드라마와 1편의 시트콤은 모두 자체제작 혹은 공동 투자로 진행될 것으로 예측된다.

신생 제작사가 첫 드라마의 흥행으로 3편의 드라마 모두 자체 제작으로 진행하는 것은 삼화네트웍스와 맞먹는 수준이며 가히 광폭 행보라 할 만하다. 또한 애니플러스는 동남아시아 지역에서 활발하게 사업을 전개하고 있기에 판권의 매각에 있어 상대적으로 강점이 있다.

아직 세 드라마의 구체적인 기획 및 출연진 정보에 관해서는 나온 바 없으나 세 드라마가 시청률 5% 이상 성적을 거두고 해외 방영권 수출까지 마무리된다면 2022년 영업이익은 100억 원을 가뿐히 넘어서리라 전망된다. 그중 현재 준비 중인 로맨틱 코미디 드라마 〈가슴이 뛴다〉는 초기부터 예산을 대거 투입해 IP를 독자적으로 보유하는 형태로, 현재 미주, 아시아, 일본 등 권역별 주요 방송사, OTT 플랫폼들과 선판매 협상을 마무리하는 단계다.

본업인 애니메이션 유통 부문도 전망이 좋다. 2022년 1분기 대표작인 〈진격의 거인〉 신규 시즌과 극장판의 흥행이 이어지고 있으며, 〈주술회전〉 TV 시리즈의 인기로 국내외 OTT 매출이 지속적으로 증가하고 있다. 또한 2분기 2022년 최대 기대작 중 하나인 〈스파이 패밀리〉가 인기리에 방영되고 있어 최소 300억 원 수준의 매출을 확보했다고 보아도 무방하다.

이 외에도 2014년에는 글로벌 진출을 위해 싱가포르에 플러스 미디어 네트웍스를 설립해 동남아시아 지역에 유스 애니메이션 방송 및 콘텐츠 유통 사업을 시작했다. 동시에 K-콘

애니플러스는 현재 현금이 풍부하고,

드라마 외 사업 부문의 실적도

2021년과 동일하게 견조히 이어지고 있다.

텐츠 전문 채널인 K-PLUS 방송 및 콘텐츠 유통 사업을 전개해 해외시장에서 활발히 활약하고 있다. 이 회사를 통한 동남아시아 지역 콘텐츠 유통으로만 한 해 20억 원 수준의 영업이익을 꾸준히 창출하고 있다. 또한 애니메이션 판권 매입 관련 비용이 축소되었고, 전시 부문에서도 매출 호조를 보이고 있기에 2022년 실적 하단은 견고하다고 볼 수 있다.

애니플러스의 업사이드는 전적으로 위매드에 달려 있다고 보아도 무방하다. 현재 위매드의 가치는 최소 700억 원 수준으로 측정되며, 2022년 자체 제작 드라마의 흥행에 성공할 시 평가 가치가 1,200억 원 수준으로 올라갈 것이다. 자회사의 가치가 현 시가총액과 맞먹는 것이다.

현재 요건으로도 위매드는 상장이 가능한 수준이다. 추후 말 그대로 증시에 별도 상장 시 투자자들의 이목이 집중됨과 동시에 애니플러스의 가치 재평가도 이루어질 것이다. 드라마 제작 사업이 머니게임으로 변화하고 있는 지금, 위매드가 상장할 시 얻을 수 있는 메리트가 분명하기에 시기의 문제일 뿐 빠른 시일에 상장이 이루어질 것으로 추측된다.

애니플러스는 애니메이션 판권 매입 비용 지출로 2019년, 2020년 영업 적자를 기록했으나 이와 무관하게 현재 현금이 풍부하고, 드라마 외 사업 부문의 실적도 2021년과 동일하게 견조히 이어지고 있기에 아래로는 닫혀 있고 위는 위매드가 열어주리라 예상한다. 첫 드라마로 만루 홈런을 터뜨린 드라마 시장의 신흥 강자 위매드의 성장이 기대된다.

투자 포인트

드라마 제작의 신흥 강자
위매드의 성장에 주목해보자.

K-팝 다음은 K-웹툰

웹툰은 스마트폰에 최적화된 세로 스크롤 방식의 디지털 만화를 뜻하며, 한국에서 만들어진 단어로 해외에서도 통용되기 시작하면서 고유 명사화되었다. 출판 만화를 온라인 환경에 맞게 최적화하고 이를 유료화한 비즈니스 모델 자체를 고안해낸 국가가 바로 한국이며, 네이버와 카카오의 주도로 글로벌 웹툰 시장은 급속도로 팽창하고 있다.

웹툰 사업은 수많은 웹비즈니스 영역 가운데 유일하게 국

▲ 네이버 웹툰과 카카오 웹툰

내 기업이 과점적 지위를 누리고 있는 영역이다. 네이버와 카카오는 선두 주자의 위치를 공고히 하기 위해 동남아, 북미, 유럽의 관련 사업자를 공격적으로 인수하고 있다. 한국의 경우 웹툰의 시장 규모가 이미 1조 원을 넘어서 시장이 성숙화 단계에 돌입했지만, 북미와 유럽 지역의 경우 아직 시장 자체가 개화하지 못했기에 역설적으로 성장 잠재력이 무궁무진하다고 할 수 있다.

글로벌 웹비즈니스 카테고리 가운데 한국이 주도적으로 설계해 시작 단계부터 시장을 장악한 전례는 없었다. 5년 이내 글로벌 웹툰 시장은 6조 원 이상 규모로 성장할 것이며, 그 중심에는 국내 기업들이 있을 것이다. 무엇보다 웹툰 비즈니스는 작가 인세와 판촉비를 제외하면 영업 비용이 들지 않는 고효율 사업군이다. 양 사업자는 동 비즈니스로 해마다 수천억 원의 영업이익을 벌어들일 전망이다.

그럼에도 네이버와 카카오는 이미 1조 원 이상의 영업이익을 해마다 벌어들이고 있기에 웹툰 과점 사업자로서 얻게 되는 이익레버리지 효과는 상대적으로 크지 않을 것이다. 그러나 뒤이어 언급할 디앤씨미디어, 키다리스튜디오, 미스터블루의 시가총액은 2022년 9월 기준 3천억 원 미만이고 매출은 1,500억 원을 넘기지 못하고 있다. 웹툰 종주국으로서 휘몰아치는 글로벌 수요의 급증은 네이버와 카카오에게는 미풍일지 몰라도 이들 기업에게는 거대한 태풍으로 다가올 것이다.

잠재력을 가진 3사

디앤씨미디어는 카카오가 2대 주주로 있고 카카오엔터테인먼트의 최대 콘텐츠 공급자다. 또 키다리스튜디오는 네이버와 카카오에 이은 국내 최초 웹툰 플랫폼인 '레진코믹스'를 지난 2020년 인수해 국내 3위 웹툰 플랫폼 사업자로 거듭났다. 미스터블루는 국내 최대의 무협 장르 플랫폼으로 2016년 45억 원에 인수한 게임 이오스의 지적재산권(IP)을 바탕으로 블루포션게임즈를 설립해 게임 사업에 나섰다. 출시 16일 만에 매출 100억 원을 돌파하며 대흥행을 거두었고 2021년 에오스 관련 매출 비중은 당사 매출의 50%를 넘어섰다.

게임 사업과 웹툰 사업은 웹비즈니스 카테고리 중 한계비용이 적게 드는 대표적 고효율 비즈니스다. 이 두 가지 사업 모두 안정적으로 영위하고 있다는 점이 미스터블루의 큰 장점이다. 에오스는 글로벌 출시를 앞두고 있으며 당사는 무협 IP를 기반으로 한 MMORPG 장르 게임을 지속적으로 선보일 계획이다. 넷마블의 일본 만화 IP 기반 '일곱 개의 대죄'와 마블 IP 기반 '마블 퓨처 파이트' 등의 게임은 매출 비중의 20%를 차지하고 있으며 이는 만화와 게임 사업의 시너지 효과를 보여준다. 미스터블루는 세계 최초로 웹툰 플랫폼 사업자임과 동시에 이와 연계한 게임을 출시하는 비즈니스 모델을 통해 새로운 진보를 꾀하고 있다.

3사 모두는 4개년 모두 영업 흑자를 기록한 아래로 닫힌 견실한 기업임과 동시에 독보적 고성장 비즈니스 몸담은 미래가 활짝 열린 기업이기도 하다.

영상화로 부가 수익을 꾀하다

콘텐츠의 꽃은 '영상'이다. 하나의 콘텐츠당 창출해낼 수 있는 부가 수익이 가장 높은 것이 바로 영상 매체이기 때문이다. 우리는 남녀노소 가리지 않고 하루에도 수 시간 드라마, 영화 등의 영상에 둘러싸여 하루를 보낸다. 영상의 상품 경쟁력은 소비 고객층이 넓다는 점에 있다. OTT 플랫폼, TV, 영화관을 통한 영상의 섭취는 이미 고착화된 인류의 레저 문화이며 수십 년이 지나도 변치 않을 것이다. 반면 웹툰의 경우 활성 소비자는 10대와 20대로 국한된 편이다. 그러나 웹툰은 최근 들어 빈번하게 영상으로 제작되어 주요 IP 공급원으로 공고히 자리 잡으면서 웹툰 사업자의 수익 저변이 활짝 열리고 있다.

웹툰의 영상화에 가장 공을 들이고 있는 기업은 카카오다. 카카오는 최근 BH엔터테인먼트(이병헌, 김고은 소속), 매니지먼트 숲(공유, 전도연, 남주혁 소속), 안테나(유재석, 유희열 소속) 등의 연예 기획사와 영화사 집, 월광, 글라인, 사나이픽처스 등을 인수했다. 카카오페이지를 통해 다량의 웹소설을 선보이고, 흥행성이 검증된 웹소설을 웹툰화하고, 웹툰을 바탕으로 영상을 제작하는 체계적인 콘텐츠 밸류 체인을 구축하게 된 것이다.

2022년 초 인기리에 방영된 〈사내맞선〉은 카카오페이지의 동명 웹툰과 웹소설이 원작이고, SBS의 동 시간대 1위 드라마 〈어게인 마이 라이프〉 또한 카카오페이지의 동명 웹툰과 웹소설이 원작이다. 콘텐츠의 최종 종착지는 영상이지만 그 출발에는 웹소설이 존재한다. 웹소설은 연재 속도가 빠르고, 다량의 원고 수급에 용이한 측면이 있다. 카카오는 소비자들이 관심을 보이거나 IP의 완결성이 뛰어난 소설을 선제적으로 웹툰으로 선보인 다음 축적된 인지도를 바탕으로 영상으로 제작해 효율적인 콘텐츠 밸류 체인을 만들어나가고 있다. 그리고 이러한 카카오의 최대 웹소설 공급처(CP)가 바로 디앤씨미디어다.

넷플릭스를 통해 선보여 공개 즉시 콘텐츠 순위 10위권에 진입한 탈영병을 잡는 헌병의 이야기를 그린 〈D.P.〉는 키다리 스튜디오의 레진코믹스를 통해 선보인 작품이다. 통상적으로 웹툰을 영화화할 시 IP원보유자는 매출의 10%가량을 로열티로 제공받는다. 〈D.P.〉는 JTBC를 운영하는 제이콘텐트리의 자회사 클라이맥스 스튜디오를 통해 제작되었고, 실질적인 수익의 대다수는 제이콘텐트리 측에서 가져갔다.

웹툰 제작사들이 실질적으로 영상 프로덕션에 참여하지 못한 이유는 200억 원에 달하는 제작 비용 때문이다. 그러나 디앤씨미디어의 작품들이 카카오 플랫폼을 통해 전 세계적으로

웹툰은 최근 들어 빈번하게 영상으로 제작되어

주요 IP 공급원으로 공고히 자리 잡으면서

웹툰 사업자의 수익 저변이 활짝 열리고 있다.

판매되고, 키다리스튜디오의 레진코믹스 관련 이익이 증가하고, 미스터블루의 게임 사업 수익이 증가해 이들 3사의 잔고가 늘어나게 되면 이들은 적극적으로 영상 제작사를 인수해 프로덕션을 통한 콘텐츠 수직 계열화를 만들어나갈 것이다. 이는 시기의 문제일 뿐, 가능성이 아니라 필연적인 장기 방향성에 가깝다.

가장 먼저 이러한 움직임을 보인 곳은 키다리스튜디오다. 키다리스튜디오는 계열사인 영화 투자배급사 키다리이엔티를 흡수합병했다. 키다리이엔티는 2014년 〈나의 사랑 나의 신부〉를 시작으로 〈독전〉, 〈사라진 밤〉, 〈물괴〉, 〈결백〉, 〈비와 당신의 이야기〉 등을 배급했으며 2022년 상반기에는 김언수 작가의 원작 소설을 바탕으로 한 영화 〈뜨거운 피〉를 배급했다. 배급 사업과 제작 사업은 엄연히 별개의 영역이지만 영상 관련 사업을 꾸준히 이어오고 있는 점은 키다리스튜디오의 프로덕션 사업 본격 진출의 윤활유 역할을 할 것이다. 실제로 키다리스튜디오는 자체 보유 IP인 《하숙집 5번지》를 웹드라마 제작사 이모션스튜디오와 공동 제작해 상반기 내 영화 버전과 웹드라마 버전으로 선보일 계획이다. 본격적으로 제작 사업의 첫 발을 내딛게 된 것이다.

2022년 2분기 기준으로 키다리스튜디오의 현금성 자산은 552억 원에 달한다. 지금 당장이라도 프로덕션 사업에 뛰어들 수 있을 만한 자본력이 확보된 것이다. 이들 3사의 규모가 성장해 본격적으로 영상 프로덕션 사업에 진출할 경우 새로운 성장 동력 확보로 주가 상승의 촉매제 역할을 할 것으로 보인다. 현재 웹툰 원작 드라마들이 연이어 흥행하는 상황이기에 원천 IP 보유자로서 CP사들의 역량이 부각될 전망이다. 현재 웹툰 사업이 지속적으로 성장하고 있는 와중에 또 하나의 사업 포트폴리오를 구축하게 된다면 효과는 배가 되어 기업의 장기 성장 가능성에 보탬이 될 것이다.

일본에서 웹툰의 위상

이에 더해 중기적으로 네이버와 카카오의 주도하에 글로벌 웹툰 대중화 현상은 가속화될 것으로 보인다. 만화의 본산이라 불리는 일본의 경우 현재 이미 웹툰 시장이 성숙되어 무르익고 있다. 2016년 4월 일본에 첫선을 보인 카카오의 픽코마는 2020년 7월 처음으로 전 세계 만화 앱 매출 1위를 차지했고 지금까지 자리를 지키고 있다. 2위와 3위는 네이버의 라인 망가와 라인 웹툰이 바짝 추격하고 있다.

일본은 전 세계 만화 앱 시장의 77%를 차지하고 있는 만화

왕국이며 이미 한국 시장 규모를 추월한 지 오래다. 일본은 전 세계 만화 앱 지출액 2조 1,800억 원 중 1조 7천억 원을 차지하고 있다. 그동안 일본 만화 시장은 '권' 단위의 단행본 출판을 중심으로 형성되어왔다. 단행본 만화 시장은 한 권을 추가로 읽기까지 1년여의 시간을 기다려야 한다는 치명적인 단점이 존재했다.

그 단점을 단점인지 인지하지 못하고 있는 소비자들에게 한국의 빠른 웹툰 연재는 충격적으로 다가왔고, MZ세대를 중심으로 빠른 속도로 퍼져나가는 중이다. 국내 스튜디오는 스토리 구성, 콘티 제작, 채색 등 분업화시켜 웹툰에 최적화된 제작 역량을 확보했고, 이는 일본의 기존 단행본 작가들이 따라갈 수 없는 속도의 연재 방식이다. 일본 출판업계가 흉내 내지 못하는 뚜렷한 장점이 존재하는 것이다.

한 가지 고무적인 것은 네이버와 카카오 양 사의 플랫폼이 일본의 독점적 사업자로 자리매김했지만, 그 플랫폼 안에서 한국 웹툰 품목이 차지하는 비중은 크지 않다는 점이다. 즉 성장판이 아직 열리지 않은 상태로 비유할 수 있다. 아직까지 픽코마가 제공하는 콘텐츠의 대부분은 일본 작가들의 단행본을 스캔한 디지털 코믹이다. 플랫폼 사업자의 입장에서 플랫폼의 안정화를 위해 현지 출판 네트워크와 협의해 기존 단행본을 웹 공간에 옮기는 식으로 사업을 출발했고, 본격적으로 국내 웹툰 작품을 일본 시장에 홍보한 지는 2년이 채 되지 않았다.

양 사의 장기적인 사업 비전은 한국과 같이 일본 내에서 '웹툰 작가'라는 직업을 만들어내 한국의 생태계 모델 자체를 일본에 이식하는 것이다. 우선은 일본의 단행본 작가들에게 단행본보다는 웹툰 연재가 돈이 더 된다는 인식을 전파시키고, 이들 작가를 육성시켜 스타의 반열에 올려야 한다. 하지만 이에 도달하기까지는 최소 2년의 시간이 소요될 전망이다. 국내 웹툰이 일본 만화 시장에서 차지할 수 있는 시장의 공백이 존재하는 것이다.

그래서 현시점에서 일본 플랫폼 내 단행본을 배제한 웹툰 자체 장르는 국내 작가들의 번역본이 독식하고 있다. 픽코마 내 4만 개가 넘는 작품 중 웹툰은 400개 수준으로 전체 1%에 불과하나 전체 거래액 중 웹툰이 차지하는 비중은 45%에 달한다. 일본 디지털 만화 시장 전체를 놓고 봤을 때도 웹툰이 차지하는 비중은 5%로 미만으로 20% 이상까지 성장할 것으로 보인다.

디앤씨미디어의 대표 IP 《나 혼자만 레벨업》의 경우 일본의 구독자만 100만 명이 넘는다. 일본, 유럽, 북미 지역의 웹툰 플랫폼이 활성화되면 활성화될수록 이들 웹툰 공급자의 경우 별도의 투입 비용 없이 로열티 수수료가 폭증하는 영업레버리지 효과가 발생할 것이다.

3사의 해외 매출 비중 또한 가파른 속도로 상승 중이다. 현재 카카오는 웹툰 글로벌 공략의 전초 기지를 일본으로 삼고 유럽 진출에도 심혈을 기울이고 있다.

웹툰의 글로벌 대중화

구글 검색어 트렌드를 통해 웹툰의 전파 양상을 살펴보자. 특히 프랑스에서의 웹툰 검색어 유입이 급증한 것을 알 수 있다. 프랑스는 유럽 국가 중 만화 시장이 가장 큰 것으로 알려져 있다. 이 때문에 카카오와 네이버는 프랑스를 유럽 진출의 거점으로 삼을 계획이다. 카카오는 2021년 9월에는 '픽코마 유럽'을 별도 법인으로 설립하고 김형래 대표를 선임했다. 김형래 대표는 유럽 내 첫 디지털 만화 플랫폼 '델리툰'에서 최고운영책임자(COO)를 역임하며 현지 디지털 콘텐츠 산업 전문가로 평가받고 있다.

2018년 카카오는 인도네시아에서 '웹코믹스'라는 웹툰 플랫폼을 운영하던 '네오바자르'를 인수하면서 동남아시아 시장에 첫발을 내디뎠고 2021년에는 '카카오웹툰'을 태국과 대

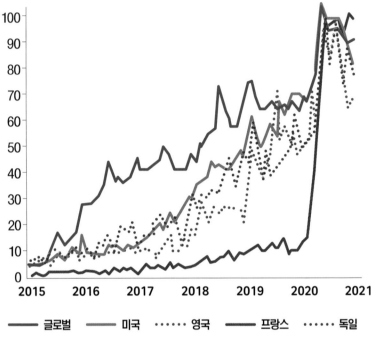

국가별 구글 검색어 트렌드 '웹툰'

— 글로벌　— 미국　‥‥‥ 영국　— 프랑스　‥‥‥ 독일

자료: 구글, 유안타증권 리서치센터

만에 본격 출시했다. 또한 2021년에는 북미 웹툰 플랫폼 '타파스'와 웹소설 플랫폼 '래디쉬', '우시아월드'를 자회사로 인수하며 북미 시장 공략에 나섰다. 타파스에는 이미 300여 개의 카카오엔터테인먼트 자체 IP가 유통되고 있으며 약 25개의 작품들이 매달 신규 공급되고 있다. 타파스 내 카카오엔터테인먼트의 웹툰 비중은 1%에 불과하지만 일본과 마찬가

지로 타파스 전체 거래액의 70%를 차지할 정도로 반응이 좋다. 또 카카오엔터테인먼트는 국내에서 유일하게 인도 웹툰 시장에 진출했다. 인도의 웹툰 플랫폼 '크로스코믹스(Kross Komics)'를 운영하던 '크로스픽쳐스'를 2020년 8월 자회사로 인수한 것이다.

정리하자면 웹툰이란 문화 자체가 현재 전 세계에 급속도로 전파되고 있으며, 3년 이내 전 세계 웹툰 시장의 전체 규모는 5조 원을 넘어설 가능성이 크다. 또한 세계 최대의 만화 시장 일본의 경우 카카오와 네이버 양 사의 플랫폼이 시장을 독점했으나 실질적으로 플랫폼 내 국내 웹툰 비중이 크지 않기에 국내 콘텐츠 제작사의 매출은 가파르게 상승해갈 것이다. 이 외에도 북미와 유럽 지역의 경우 본격적으로 공략을 시작한 지 2년이 채 되지 않았기에 앞으로의 성장은 지속적으로 이어질 것이다.

이에 따라 시가총액 3천억 원 미만의 카카오의 콘텐츠 공급자 디앤씨미디어와 국내 최대 웹툰 제작 스튜디오 키다리스튜디오로 이어지는 낙수 효과는 거세게 다가올 것이다. 게다가 키다리스튜디오는 레진코믹스라는 경쟁력 있는 자체 플랫폼을 통해 해외 직진출까지 꾀하고 있다. 국내 시장도 웹툰의 매출이 3040 소비자로 번지며 해마다 매출 성장이 이어지고 있다.

웹툰은 명실상부 가장 성장 여력이 높은 사업 부문 중 하나이고, 국내 기업이 이를 확실히 주도하고 있다. 동시에 웹툰 제작사들의 매출 레벨이 상향 조정되면 이들 제작사는 자체 IP를 활용해 영상 제작 사업에 뛰어들 것이다. 영상 제작사 인수를 통해 드라마 제작에 직접 뛰어들고, 이것이 흥행으로 이어질 경우 각 사는 글로벌 종합 콘텐츠 기업으로 자리매김할 수 있을 것이다.

또한 웹툰이라는 하나의 장르가 전 세계에 밈(meme)처럼 번지고 있다는 것에 주목해야 한다. 네이버와 카카오가 해외 플랫폼을 인수해 마케팅을 활발히 할수록 각 CP사가 자신의 콘텐츠를 소개할 접점은 늘어나게 된다. 그리고 국내 웹툰 콘텐츠는 경쟁력이 뛰어나기에 많은 세계인의 주목을 받게 될 것이다.

다시 말해 네이버와 카카오 두 IT 공룡들이 집행하는 수천억 원의 웹툰 관련 마케팅 비용을 그대로 먹이 삼아 흡수해 영업 레버리지 효과를 누릴 수 있는 효율적인 비즈니스 모델을 이미 구축하고 있는 셈이다. 이 같은 이유로 CP사의 장기 성장은 이미 예견된 미래라고 판단된다.

핵심 성장주 3개 종목

1. 디앤씨미디어

디앤씨미디어는 카카오페이지의 넘버원 벤더다. 웹소설을 위주로 제작해오다 3년 전부터 본격적으로 해당 웹소설 IP를 바탕으로 웹툰을 제작하기 시작해 2021년 웹툰 매출의 비중이 웹소설을 뛰어넘었다. 2019년, 2020년, 2021년 기준 웹소설의 경우 287억 원, 288억 원, 255억 원으로 정체 중이고, 웹툰의 경우 132억 원, 285억 원, 410억 원으로 가파른 속도로 성장하고 있다. 웹툰 사업의 선전 덕에 동사는 빠른 속도로 성장 중이며, 그 결과 2021년 매출 674억 원, 영업이익 151억 원으로 창사 이래 사상 최대 실적을 달성했다.

또한 2021년 8월 웹툰 제작 스튜디오 '더앤트'를 160억 원에 인수해 웹툰 사업에 힘을 실어주고 있다. 디앤씨미디어는 국내 최대 웹소설 콘텐츠 제작사로 수천 종의 IP를 보유하고 있어 이들을 웹툰화할 경우 제작 속도가 빠르고, 기존 웹소설 팬덤을 유입시켜 마케팅 효율을 높일 수 있다는 장점이 있다.

디앤씨미디어 재무 정보

(단위: 억 원)

주요 재무 정보	2019.12	2020.12	2021.12
매출액	421	577	674
영업이익	79	137	151
당기순이익	49	109	155

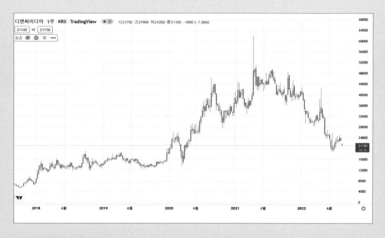

▲ 디앤씨미디어 주가차트

디앤씨미디어는 카카오라는 든든한 우군을 지녔다.

디앤씨미디어 2021년 사업보고서

(단위: 백만 원)

구분	2019년	2020년	2021년
수출	4,590	15,892	23,923
내수	8,179	11,044	14,771
소계	12,769	26,396	38,694

디앤씨미디어는 웹툰 사업 외에 해외 매출 비중이 급속도로 성장하고 있는데 이는 앞서 언급한 바와 같이 카카오 픽코마의 해외 성장에 따른 결과다.

디앤씨미디어 2021년 사업보고서 표를 보면 알겠지만 해마다 40% 이상씩 해외 매출이 급증하고 있다. 여기서 중요한 점은 해외 수출 제반 업무는 카카오 측에서 전담하기에 디앤씨미디어는 별도 비용 투자 없이 이 같은 레버리지 효과를 얻을 수 있다는 점이다. 제로에 수렴하는 한계비용의 효과를 톡톡히 보고 있는 것이다. 2021년 기준 디앤씨미디어의 영업이익률은 무려 22.5%에 달한다.

웹툰 사업의 성장 방향성은 두 가지로 나눌 수 있다. 첫 번째는 네이버와 카카오의 영토에 편입되어 낙수 효과를 얻는 것이고, 두 번째는 이들의 지배에서 벗어나 자체 플랫폼을 가동시키고 직접 해외 판로를 개척해 사업 기반을 확장시키는 것이다. 업사이드 측면에서는 물론 두 번째 방법이 유리하다고 볼 수 있으나, 성장 속도에 있어서는 첫 번째 방법이 유리하다고 할 수 있다. 거대 기업 네이버와 카카오의 인적 자원과 글로벌 네트워크를 타 사업자가 단시간에 모방하기란 쉽지 않기 때문이다.

현재 카카오의 입장에서 디앤씨미디어는 가장 필요한 기업이다. 플랫폼 확장에 있어 양질의 콘텐츠 확보는 필수이기 때문이다. 그래서 카카오는 디앤씨미디어에 지분 투자하는 방법을 택했다. 현재 카카오페이지는 디앤씨미디어의 지분 23.13%를 보유한 2대 주주로 등재되어 있으나 추후 완전 자회사 편입도 기대해볼 만하다.

같은 맥락에서 뒤늦게 웹툰 사업에 뛰어든 틱톡의 모회사 바이트 댄스는 2022년 1월 키다리스튜디오에 480억 원을 투자했고 이를 통해 바이트댄스는 키다리스튜디오의 웹툰을 공급받게 되었다. 웹툰이라는 콘텐츠 자체가 가진 가치가 올라갈수록 플랫폼 사업자는 이를 내재화하는 전략을 택할 가능성이 크다.

웹툰 사업이 갖는 본질적인 특이점은 매출 한계점이 없다는 것이다. 구독료와 광고 위주로 돈을 벌어들이는 타 콘텐츠 사업과 달리 웹툰은 회당 결제를 통해 영업이익을 수취한다. 방송사나 제작사는 수억 명이 해당 드라마를 시청한다고 해서 수억 명에게 개별적으로 시청료를 받지 않는다. 즉 수억 명이 해당 영상을 관람하더라도 늘어나는 시청자의 수만큼 비례해서 수익을 챙기진 못하는 것이다. 판권의 단가가 올라갈 수는 있지만 한계가 있다. 애초에 시장 자체가 그렇게 구조적으로 형성되었기 때문이다.

그러나 웹툰의 경우 한 회당 200원에서 500원 정도가 과금되기에 구독자 수와 비례해 수익을 챙길 수 있다. 웹툰의 경우 시장 자체를 카카오와 네이버가 디자인했기 때문이다. 이들은 웹툰의 일부를 무료로 공개한 뒤 추후 매 회 돈을 내야만 다음 회차를 볼 수 있는 구조를 만들었다. 이들 수익에 30%를 플랫폼사에서 가져가고, 나머지 70%를 디앤씨미디어와 같은 CP사가 가져간 뒤 이 중 일부를 계약률에 따라 작가들에게 배분한다. 다시 말해서 웹툰을 수만 명이 보든, 수억 명이 보든 인당 유료결제액이 그대로 CP사에게 인식되는 구조다. 즉 매출의 한계가 없는 것이다. 수천만 원을 들인 웰메이드 웹툰 하나로 수백억 원을 벌어들일 수 있는 시장이다. 그리고 실제로 디앤씨미디어는 《나 혼자만 레벨업》이라는 작품 하나로 이러한 일을 해냈다. 현재 《나 혼자만 레벨업》의 단일 IP 누적 매출은 300억 원을 넘어선 상태다.

일본 만화 〈귀멸의 칼날〉의 극장판 애니메이션은 관객 동원 수 1,500만 명을 돌파하며 4,100억 원을 벌어들였다. 코로나19가 한창인 와중 역대 일본 영화 흥행 수입 순위 5위에 오른 것이다. 한때 미국 박스 오피스 1위를 기록하기도 했다. 이는 하나의 만화가 가진 힘을 여실히 보여준다.

디앤씨미디어의 대표 IP인 《나 혼자만 레벨업》은 픽코마에서 1위를 기록했고, '2019 올해의 웹툰'과 '2020 픽코마 어워드'를 2년 연속 수상했다. 일본뿐 아니라 웹툰 단행본이 독일과 브라질 아마존에서 출시 직후 베스트셀러 1위에 오르기도 했다. 현재까지 글로벌 누적 조회 수는 140억 회를 넘어섰으며 미국 온라인 청원 사이트에 올라온 《나 혼자만 레벨업》 애니메이션화 청원 참여자는 21만 명을 넘겼다. 동시에 넷마블을 통해 게임으로 개발 중이다. 《나 혼자만 레벨업》은 명실상부 세계 최고의 웹툰 콘텐츠이며 추후 애니메이션으로 제작될 것으로 보인다. 애니메이션과 게임 제작을 통해 동사는 추가 수익을 거둘 전망이다.

《나 혼자만 레벨업》의 완결로 주가가 한동안 침체되어 있으나 2022년 하반기 동 세계관을 확장한 스핀오프 작품을 론칭해 IP의 가치를 더욱 끌어올릴 전망이다. 더구나 아직까지 해당 IP의 글로벌 신규 독자가 동남아와 유럽, 북미 지역을 중심으로 지속적으로 유입되고 있어 해외 매출은 견조하게 이어질 전망이다.

《나 혼자만 레벨업》이 추후 영상화될 경우 예상되는 로열티 수익은 150억 원 이상으로 한 해 영업이익을 뛰어넘는다. 실제로 미 워너 브러더스와 《나 혼자만 레벨업》의 드라마 제작을 논의 중인 상태다. 추후 구체적인 영상화 계획이 보도될 경우 주가를 2배 이상 부양시킬 수 있는 강력한 모멘텀이 될 것이다.

디앤씨미디어는 현재 국내 카카오페이지에서 30개의 작품을 연재 중이다. 30편의 작품 가운데 3월 기준 구독자 수 100만 명 이상을 기록하고 있는 작품은 9편이며, 특히 포스트 《나 혼자만 레벨업》으로 꼽히는 《황제의 외동딸》의 구독자 수는 436만 명에 달한다. 국내만 놓고 보았을 때 419만 명의 《나 혼자만 레벨업》을 뛰어넘는 수치이며 아직까지 연재 중이라는 장점이 있다. 《황제의 외동딸》은 2017년 중국 텐센트를 통해 소개되어 유료 랭킹 최고 4위, 1억 조회 수를 기록하기도 했다. 그리고 최근 카카오를 통해 북미와 유럽 지역에 소개되어 큰 흥행을 거두고 있다. 《황제의 외동딸》의 경우 판타지 장르가 아니기에 추후 영상화에 용이하다는 특장점도 있다.

현재 디앤씨미디어는 중국과 일본, 북미, 동남아 4개국 및 프랑스 등 12개국에서 총 36편의 웹툰을 연재하고 있다. 국내 흥행 작품의 해외 수출로 인한 영업레버리지 효과가 지속적으로 발생할 전망이다.

디앤씨미디어는 더앤트 스튜디오 인수를 시작으로 본격적

디앤씨미디어의 《나 혼자만 레벨업》과 《황제의 외동딸》.

국내 흥행 작품의 해외 수출로 인한

영업레버리지 효과가 지속적으로 발생할 전망이다.

으로 웹툰 제작 내재화에 나선다. 기성작가와의 계약을 통해 작품을 공급하던 방식에서 탈피해 내부 상주 인력을 통해 웹툰을 제작해 별도의 이익 배분 없이 웹툰을 선보이는 시스템을 구축했다. 이를 통한 영업이익률 개선 효과가 2022년부터 본격적으로 가시화될 전망이다. 실제로 디앤씨미디어의 2021년 흥행 신작 웹툰은 《악녀메이커》와 《이번 생은 가주가 되겠습니다》가 있으며 후자는 더앤트에 의해 자체 제작되었다.

디앤씨미디어의 입장에서 또 하나의 강력한 모멘텀은 픽코마의 도쿄증권거래소 상장이다. 픽코마는 현재 일본 디지털 만화 시장에서 65% 점유율을 차지하고 있고, 누적 거래액은 2018년 652억 원에서 2021년 7천억 원을 훌쩍 넘겼다. 픽코마는 일본뿐 아니라 프랑스에 별도 법인을 설립해 3월부터 플랫폼 가동을 시작했다. 프랑스 플랫폼 내에서도 《나 혼자만 레벨업》과 《황제의 외동딸》 위주로 구독자 수 증가가 지속되고 있다.

픽코마와 별개로 카카오엔터테인먼트 또한 예상 시가총액 10조 원 규모로 2023년 상반기 국내 상장을 앞두고 있다. 이 같은 상장 이슈로 인해 카카오의 넘버원 콘텐츠 공급자인 디앤씨미디어를 투자자들은 자연스럽게 주목하게 될 것이다. 투자자의 관심 증가로 현 성장 가치에 대한 재평가가 이루어져 디앤씨미디어의 가치 또한 재평가받을 수 있을 것으로 전망된다.

현시점에서 매력적인 재무제표에도 불구하고 주가가 제자리걸음하고 있는 이유는 수급이 약한 까닭이 크다. 픽코마, 카카오엔터테인먼트와 가장 밀접하게 연계된 비즈니스 모델을 갖고 있는 상장사가 바로 디앤씨미디어다. 특히 카카오엔터테인먼트의 상장 이슈는 디앤씨미디어에 대한 관심으로 이어질 것이다. 2021년 4월 16일 디앤씨미디어의 주가는 6만 1,900원을 기록한 바 있어 2022년 9월 28일 기준 1만 4천 원 수준으로 상승분을 반납해 밸류에이션 부담이 낮다고 볼 수 있다.

픽코마의 이용자 수 폭증 추이와 동남아, 북미, 유럽 지역의 콘텐츠 공급 확대, 내부 스튜디오를 통한 제작 활성화 등의 모멘텀으로 디앤씨미디어는 2022년에도 역시 2021년과 같이 창사 이래 최대 실적을 거둘 것으로 전망된다. 그리고 추후 확보된 자금을 바탕으로 본격적으로 영상 제작 사업까지 뛰어든다면 가치 재평가가 이루어질 것이다.

미국 골드러시 시대에 가장 안정적으로 별다른 노력을 기울이지 않고 돈을 버는 기업은 곡괭이를 만드는 업체였다. 카카오는 현재 웹툰 시장의 선두에 서서 전 세계 곳곳에 금광을 개발하고 있는 상황이다. 금광에서는 곡괭이 없이는 금을 팔

수 없다. 그리고 이 곡괭이를 가장 잘 만드는 기업이 바로 디앤씨미디어임은 분명한 사실이다. 또한 금광 개발 기업의 곡괭이 회사 인수도 물론 기대해볼 만하다.

투자 포인트

카카오 엔터테인먼트 상장 이슈로
수급 개선 전망을 주목하자.

2. 키다리스튜디오

키다리스튜디오는 1987년 설립된 웹툰 및 웹소설 콘텐츠 전문 기업으로 봄툰 공작소, 레진 편집부, 스튜디오 웨이브, 스튜디오 M 등의 자체 제작 스튜디오를 거느린 국내 톱급 CP사임과 동시에 레진코믹스, 봄툰, 델리툰과 같은 자체 플랫폼을 가지고 있다는 것이 큰 장점으로 꼽힌다. 네이버와

키다리스튜디오 재무 정보

(단위: 억 원)

주요 재무 정보	2019.12	2020.12	2021.12
매출액	267	455	1,191
영업이익	7	46	69
당기순이익	23	1	35

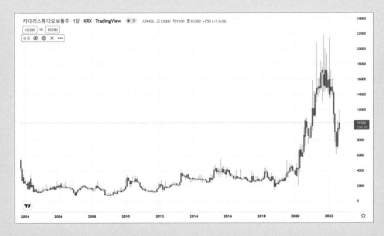

▲ 키다리스튜디오 주가차트

키다리스튜디오는 중국 자본으로 빠르게 성장 중이다.

카카오가 대중화된 웹툰 및 웹소설에 주력하고 있다면 키다리스튜디오의 봄툰과 델리툰의 경우 로맨스와 로맨스 판타지 등 여성향 웹툰 분야에 집중해 열성 독자층 위주로 트래픽이 가파른 속도로 증가하고 있다. 봄툰의 누적 회원 수는 2018년 260만 명에서 2020년 446만 명, 델리툰은 2018년 15만 명에서 2020년 167만 명으로 상승했다. 그리고 2021년 인수한 《D.P 개의 날》을 연재한 레진코믹스의 경우 2020년 3분기 흑자 전환에 성공해 2021년부터 본격적으로 이익에 기여하고 있다.

앞서 살펴본 디앤씨미디어는 철저하게 카카오와 유착되어 이를 통한 낙수 효과로 영업이익을 거두고 있지만 키다리스튜디오의 웹툰 작품은 자체 플랫폼과 네이버, 카카오 등 다수 플랫폼에 입점해 있다. 다시 말해 해당 콘텐츠의 공급이 자유롭다는 상대적 강점이 있다. 이 자유로움은 거대한 결과를 낳았다. 바로 얼마 전 틱톡의 운영사 바이트댄스로부터 투자를 받은 것이다.

바이트댄스는 2022년 1월 키다리스튜디오와 자회사 레진엔터테인먼트에 각 238억 원씩 총 476억 원의 지분 투자를 감행했다. 이후 바이트댄스의 키다리스튜디오와 레진의 지분율은 각 3.8%와 5.7%가 될 것으로 보인다. 키다리스튜디오는 이를 통해 476억 원의 현금을 추가로 확보해 신규 웹툰 제작

▲ 바이트댄스

틱톡으로 유명한 바이트댄스는 웹툰 비즈니스로 사업 영역을 확대하고 있다.

과 영상 제작에 투입할 예정이다.

바이트댄스는 신사업 영역으로 웹툰 비즈니스를 추가해 현재 시장 공백이 있는 자국 시장부터 점령할 예정이다. 키다리스튜디오는 디앤씨미디어와 함께 국내 최대 웹툰 제작사이며 경쟁사인 카카오와 네이버로부터의 지분 교류가 없는 상태다. 이런 이유로 바이트댄스가 키다리스튜디오를 사업 파트너로 낙점한 것이다. 바이트댄스의 현재 평가 가치는 400조 원에 달할 것으로 예상되며, 비즈니스 확장에 사활을 걸고 있는 만큼 키다리스튜디오의 추가 투자가 예상된다.

바이트댄스는 '토마토소설'이라는 중국 최대 무료 웹소설 사이트를 운영하고 있으며, 최근 해외 이용자를 대상으로 '마이토피아'라는 웹소설 플랫폼을 출시했다. 그리고 주목할 만한 점은 '피조툰'이라는 새로운 웹툰 플랫폼을 가동시켜 일본 시장에 진출했다는 점이다. 네이버와 카카오가 선발 주자로서 웹툰 시장의 초석을 단단히 쌓아놓은 상태에서 바이트댄스가 가세한 것이다. 피조툰의 글로벌 흥행은 각 사 간 출혈 경쟁이 아닌 웹툰이라는 장르의 글로벌 대중화를 앞당길 촉매제 역할을 할 것으로 보인다.

현재 디지털 만화 시장에 웹툰이 차지하는 비중은 10% 미만이지만 바이트댄스의 가세로 20% 이상까지 빠르게 진입할 것으로 보인다. 콘텐츠 공급 외에도 레진코믹스는 북미 진출 이후 매출이 지속적으로 상승하고 있고, 특히 2019년 카카오가 프랑스에 진출하기 2년 전 선제적으로 이미 프랑스 최대 웹툰 플랫폼 델리툰을 인수해 플랫폼 사업자로서 역할도 충실히 이행하고 있다.

델리툰은 2021년 연 매출 100억 원을 돌파했으며, 2022년 무난히 200억 원 매출 달성을 이룰 것으로 보인다. 델리툰은 프랑스를 거점으로 픽코마와 같이 유럽 전역으로 해당 플랫폼을 순차적으로 가동시킬 계획이다. 자금력이 풍부한 바이트댄스의 입장에서 콘텐츠와 해외 거점 플랫폼을 갖고 있는 키다리스튜디오는 웹툰이라는 사업 영역에 있어 명실상부 최고의 투자처임이 분명해 보인다.

후발 주자인 바이트댄스의 입장에서는 양질의 콘텐츠 공급이 시급했고, 2월 21일 키다리스튜디오와 향후 4년간 바이트댄스에 웹툰 콘텐츠를 공급하는 계약을 맺었다. 2022년 3월 부터 5천 개의 IP를 4년에 나눠서 공급할 예정이며 계약금으로만 500억 원을 4년에 걸쳐 수취할 전망이다. 해마다 100억 원 이상의 영업이익이 환원될 전망인데, 2021년 기준 영업이익은 70억 원에 불과하다. 바이트댄스와의 계약금으로만 한 해 이익이 넘는 영업이익이 들어오는 것이다.

디앤씨미디어의 영업이익률은 22%이지만, 키다리스튜디오의 영업이익률은 6%에 불과하다. 직접 플랫폼을 운영하기에 드는 해외 마케팅 비용과 개발비가 상당한 까닭이다. 직접 금광을 캐고 있는 키다리스튜디오의 입장에서 상대적으로 영업레버리지를 누릴 기회가 빈약했다. 그러나 바이트댄스를 통한 콘텐츠 공급은 영업레버리지 효과를 일시에 거둘 수 있는 강력한 모멘텀이다. 키다리스튜디오와 웹툰 공급 계약은 RS(Running Share)로 진행되었다. 이는 계약금 500억 원을 제한 나머지 플랫폼 매출의 일부를 키다리스튜디오가 직접 가져가는 매출 한계점이 없는 계약 형태다.

2020년을 기점으로 네이버와 카카오의 웹툰 수출은 연 1조 원을 돌파했고, 2022년은 2조 원을 넘어설 것으로 보인다. 바이트댄스의 경우도 수조 원 규모의 자국 시장을 보유하고 있고, 일본과 유럽, 북미 등지로 사업을 확장할 경우 2년 이내 관련 매출이 무난히 5천억 원을 돌파할 것으로 예상된다. 다소 희망적인 예측일 수 있으나 5천억 원 매출 가운데 키다리스튜디오의 웹툰이 30%를 점유하고 수익분배율 30%를 가정했을 때, 해마다 키다리스튜디오에 인식되는 영업이익만 450억 원이다. 약 130억 원의 연 계약금을 제하더라도 연 320억 원 이상의 추가 수익이 발생하는 것이다.

키다리스튜디오의 경우 다우데이타가 관련 지분을 44% 갖고 있기에 경영권을 유지하고자 하는 목적을 유지하더라도 바이트댄스 측에서 추가로 30%가량의 지분 투자 여지를 남겨두고 있다. 추가 투자가 이루어진다면 발생할 수천억 원의 현금을 바탕으로 키다리스튜디오는 텐배거의 촉매제인 영상 제작 사업에 가장 빨리 뛰어들 것으로 전망된다. 현재 키다리이엔티를 통해 영화 배급 사업을 하고 있기에 상대적으로 유리한 점이 있다.

《D.P 개의 날》을 웹툰으로 처음 선보였던 키다리스튜디오는 다른 제작사에 비해 영상화 작업에 가장 심혈을 기울이고 있다. 봄툰의 인기 웹툰《하숙집 5번지》는 이모션스튜디오와 공동 제작해 영화와 웹드라마로 공개될 예정이며, 봄툰의 인기 웹툰《세기의 악녀》는 〈지금 우리 학교는〉을 제작한 필름몬스터와 함께 드라마로 기획 개발 중이다. 이 외에도《쩔해주세요》,《힘내라 여대리》,《피치못할 게이다!》 등의 작품이 영상화 단계에 접어들어 기획 중이다.

키다리스튜디오 주요 IP

영상화 예정 IP	연재 플랫폼	장르
불멸의 날들	봄툰	SF
세기의 악녀	레진코믹스	로맨스
쩔해주세요	봄툰	로맨스
힘내라 여대리	봄툰	개그
피치못할 게이다!	봄툰	로맨스
조국과 민족	레진코믹스	느와르
무명의 등불	레진코믹스	로맨스
킬링 스토킹	레진코믹스	BL

▲ 봄툰에서 서비스 중인 《세기의 악녀》
현재 드라마화가 논의 중이다.

이 중에서도 가장 주목해야 할 작품은 2020년 전 연령 웹툰 랭킹 1위를 차지했던 웹툰《불멸의 날들》이다. CJ E&M의 자회사 스튜디오드래곤과 공동 기획 중이다. 제작비가 최소 200억 원 이상 투자될 것으로 보이며 차후 단순 IP 판매뿐 아니라 공동 제작의 형태로 자금을 투입해 영상화 전면에 나서 추가 수익 창출이 가능해질 전망이다. 향후 바이트댄스의 추가 투자와 더불어 해외 매출이 호조를 보일수록 이 속도는 더욱 빨라질 것이다. 다음의 영상화 예정 리스트 중《불멸의 날들》과《세기의 악녀》의 글로벌 흥행은 기대해볼 만하다.

콘텐츠 공급자인 동시에 플랫폼 사업자로서의 키다리스튜디오의 강점도 부각되고 있다. 유럽에서의 델리툰의 연 매출은 이미 100억 원을 돌파했으며, 레진코믹스로의 북미 고객 신규 유입도 가속화되고 있다. 레진코믹스의 신규 가입자 분포 가운데 한국은 18%에 불과하고 67%가 미국에서 발생한 것에 주목해야 한다. 델리툰과 레진코믹스의 선전, 그리고 틱톡발 웹툰 콘텐츠의 공급으로 2021년 368억 원을 기록한 해외 매출은 2022년에는 600억 원을 가뿐히 돌파할 것으로 예상된다.

일반 대중 장르 위주로 재편된 네이버와 카카오 플랫폼과 달리 레진과 봄툰, 델리툰은 연령 제한이 붙은 성인 웹툰과 BL장르, 여성향 웹툰 등 니치(niche) 장르 위주로 구성되어 있다. 그러다 보니 카카오와 네이버의 경쟁자가 아닌 보완재 역할을 하며 웹툰 대중화로 인한 낙수 효과를 톡톡히 누리고 있다. 현재 네이버와 카카오의 경우 성인용 웹툰은 거의 연재하지 않는다. 성인물을 전문으로 다루는 웹툰 플랫폼은 현재 봄툰과 레진코믹스가 유일하다.

봄툰의 국내외 결제액은 2019년, 2020년, 2021년 순으로 123억 원, 191억 원, 258억 원으로 큰 폭으로 성장하고 있으며, 레진코믹스의 경우 373억 원, 494억 원, 650억 원으로 성장하고 있다. 그중 미국 내 결제액은 65억 원, 114억 원, 143억 원으로 특히나 큰 폭으로 증가하고 있다. 델리툰의 경우도 2019년 약 70억 원에서 2021년 약 140억 원 수준까지 증가한 상황이다.

프랑스 최초 웹툰 플랫폼 델리툰을 보유한 키다리스튜디오는 2022년 네이버와 카카오의 본격적인 프랑스 진출에 따른 프랑스 내 웹툰 대중화의 수혜를 입을 전망이다. 또한 키다리스튜디오의 글로벌 선봉에 선 레진코믹스의 경우 글로벌 로컬라이징 전담 부서의 인력을 대거 확충하며 8개국 13개 플랫폼에 자체 작품을 론칭한다는 목표를 세우고 있다.

또한 2021년 웹툰 현지화 번역 전문회사 '툰잉'의 지분을 인수하기도 했다. 동시에 봄툰은 일본 시장으로의 진출을 앞두고 있다. 실제적으로 키다리이엔티가 연재하는《빛과 그림

키다리스튜디오의 레진코믹스와 봄툰과 델리툰은

장르의 전문화를 거쳐

열성 독자층 위주로 트래픽이 증가하고 있다.

자》는 6개국 7개 플랫폼(프랑스 델리툰, 중국 콰이칸, 일본 픽코마/코미코, 태국 코미코, 인니 웹코믹스, 미국 태피툰)에 유통되며 단일 작품으로만 한 해 25억 원의 매출을 발생시켰다. 이 외에도 《외과의사 엘리제》도 6개국 6개 플랫폼에 서비스해 2021년 연 매출 20억 원 이상을 기록했다.

종합해보았을 때 현재 가장 중요한 매출 증대원은 바로 바이트댄스향 매출이다. 키다리스튜디오는 바이트댄스를 통해 2022년에만 150억 원 정도의 매출액을 벌어들일 수 있을 전망이다. 이와 더불어 해외 플랫폼 가동 관련 판관비의 감소로 키다리스튜디오의 영업이익률은 6% 수준에서 15% 수준까지 상승해 영업레버리지 효과를 톡톡히 누릴 전망이다. 바이트댄스의 증자 대금을 비롯한 후속 투자를 통해 확보한 자금으로 자체 IP를 활용한 드라마 제작 사업으로의 본격 진출도 기대해볼 만하다.

디앤씨미디어의 주가 상승의 촉매제가 픽코마의 성장이라면, 키다리스튜디오는 웹툰 시장 대중화 자체에 달려 있다고 볼 수 있다. 키다리스튜디오의 3개 플랫폼이 고속 성장했을 때 가지고 있는 업사이드는 디앤씨미디어에 비해 크다고 볼 수 있다. 무엇보다 키다리스튜디오의 플랫폼들은 콘텐츠의 콘셉트를 통일시켜 이미 고정 고객을 보유하고 있는 점이 중요하다. 이로써 키다리스튜디오의 플랫폼은 네이버, 카카오의 경쟁자가 아닌 보완재 역할을 맡을 것이다.

다만 키다리스튜디오의 약점은 디앤씨미디어의 《나 혼자
만 레벨업》과 같은 킬러 콘텐츠의 부재다. 끊임없는 제작 시
도로 킬러 콘텐츠의 제작에 성공한다면 주가의 상승 또한 빠
르게 이루어질 것이다. 2022년에는 《세기의 악녀》와 《불멸의
날들》을 원작으로 한 드라마 흥행에 따라 수급이 개선되어 주
가가 가파른 속도로 올라갈 것으로 예측된다.

투자 포인트

2022년 바이트댄스와의 계약을 통한
창사 이래 최대 실적 갱신 예상되니 주목하자.

3. 미스터블루

웹툰과 웹소설 시장은 보통
2030 세대가 주요 소비자로
분류된다. 그러나 이들 가운

데 딱 한 가지 장르는 4050 세대가 주도하고 있다. 바로 '무협'이다. 미스터블루는 무협 장르 제작과 공급에 있어 명실상부 국내 최고의 회사다. 미스터블루 웹툰의 네이버 웹툰 무협 장르 점유율은 무려 80%에 달한다. 또한 동사는 무협 4대 천왕이라 불리는 야설록, 황성, 사마달, 하승남과 포괄적 저작권 계약을 맺어 해당 시장을 주도하고 있다.

포괄적 저작권 계약이란 회사가 작가에게 계약금을 지급하고 작가가 제작한 작품 IP의 지분 100%를 회사가 가져가는 구조다. 이를 통해 창출되는 매출의 전부를 미스터블루가 갖게 된다. 일례로 카카오페이지에 독점으로 공개된 웹툰《풍운객잔》은 주비 작가의 동명 인기 무협소설을 원작으로 미스터블루 자회사 블루코믹스에서 제작한 무협 웹툰이며, 현재 카카오페이지 액션무협 장르 일간 순위 1위를 유지하고 있다. 이 역시도 포괄적 저작권 계약을 통해 작가의 IP를 일괄 구매해 웹툰화한 것이다.

포괄적 저작권 계약을 통해 미스터블루는 작가 사후 70년까지 IP 사용 권한을 갖고 작가와 수익 공유를 하지 않아도 된다. 무협 소설로 인지도가 높은 수천 개의 IP를 자유롭게 웹툰화해 수익을 독식할 수 있는 크나큰 장점이 있는 것이다. 미스터블루는 수년 전 무협 4대 천왕의 저작권을 쓰는 데 약 100억 원의 자본을 투입하는 베팅을 했고, 현재 이들 IP는 미

미스터블루 재무 정보

(단위: 억 원)

주요 재무 정보	2019.12	2020.12	2021.12
매출액	639	807	615
영업이익	139	144	68
당기순이익	120	122	67

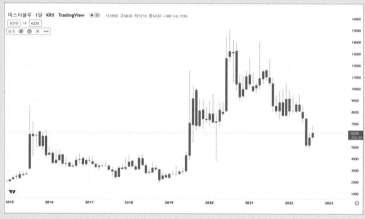

▲ 미스터블루 주가차트

게임과 웹툰 콘텐츠의 시너지가 기대된다.

스터블루 콘텐츠 사업의 주요 수익원이 되고 있다.

동사는 일찍이 2003년 온라인 무협지 플랫폼인 '미스터블루'를 론칭했으며, 2011년부터는 국내 유명 무협 만화 작가인 김성동 등의 포괄적 저작권(IP)을 인수하기 시작했다. 현재 미스터블루는 국내 최다 만화 저작권 보유 업체로 1,902개의 타이틀, 5만 7,275권의 지적재산권을 갖고 있다.

특히 무협 장르의 경우 그 정서가 아시아권을 제외한 타 지역에는 쉽게 받아들여지지 않는다는 단점이 있지만, 4050 남성은 가장 소비 여력이 큰 계층 중 하나로 1인당 객단가가 상대적으로 높다는 장점이 있다. 이는 엔씨소프트가 리니지 시리즈로 벌어들이는 막대한 영업이익을 보면 충분히 유추 가능하다. 그럼에도 4050 세대들의 소비가 오래도록 지속되리라는 보장이 없었기에 미스터블루는 미래 먹거리로 웹툰을 선점하고 2020년 '블루코믹스'를 설립해 웹툰 시장에 적극적으로 뛰어들고 있다.

사실 기업에 있어 적당한 긴장과 위기는 폭발적 성장의 매개가 되기도 한다. 넷플릭스가 DVD 대여업체를 운영하다가 경쟁사 블록버스터에 회사를 매각하려 했으나 이마저도 실패하고 온라인 스트리밍 산업을 개척한 것처럼 말이다. 미스터블루는 차세대 성장 동력으로 게임을 택했고 이는 미스터블루의 신의 한 수가 되었다. 동사는 이처럼 웹툰 플랫폼 사업과 게임 사업을 동시에 진행하고 있고, 고성장 사업을 동시에 거느림으로써 성장성과 안정성을 동시에 획득했다. 실제로 미스터블루의 매출은 콘텐츠와 게임 두 부분에서 반반씩 창출되고 있는 상황이다.

2016년 미스터블루는 게임스튜디오 엔비어스로부터 '에오스(EOS)'를 45억 원에 인수해 게임 사업에 진출했다. 엔비어스는 리니지2의 주요 개발진이 주축이 된 게임 스튜디오로 4년에 걸쳐 에오스를 탄생시켰다. 에오스는 엔비어스가 개발하고 NHN엔터테인먼트를 통해 서비스되던 MMORPG로, 2013년 출시 직후 공략형 던전으로 인기를 끌다가 타 게임에 밀려 유저 수가 급감해 2015년 10월 22일 서비스를 종료했다. 그러다 이 게임에 눈독을 들인 미스터블루는 게임을 리뉴얼해 카카오게임즈를 통해 퍼블리싱한다.

당시까지만 해도 카카오게임즈는 게임 퍼블리싱 시장에서 강자가 아닌 신규 진입자에 속했고, 카카오게임즈가 급속도로 성장해나감에 따라 에오스도 막대한 마케팅 지원을 받을 수 있었다. 동시에 유저들이 불편감을 느꼈던 단점들을 조정익 PD의 기획 아래 대거 수정했고, 게임성과 콘텐츠를 더욱 강화했다. 그렇게 2016년 재출시된 에오스는 PC방 순위 10위권에 진입하는 성과를 보이기도 하며 출시된 3분기에 매출 6억 원을 기록하며 미스터블루 매출의 4%를 담당하게 되었다. 그렇게 에오스의 PC 버전은 누적 매출 160억 원가량을 기록하며 중박을 터뜨렸다.

이에 게임 사업의 가능성을 엿본 미스터블루는 2018년 10월 게임 사업 부문을 본격 분할해 자회사 블루포션게임즈를 설립했고, 2019년 8월 미스터블루는 에오스의 모바일 버전인 '에오스 레드'를 출시했다. 에오스 레드는 정식 론칭 이전부터 기존 PC 유저들을 통해 입소문을 타며 100만 명이 넘는 이용자가 사전 등록했다. 에오스 레드는 출시 5일 만에 구글 플레이스토어 매출 순위 2위에 올랐고, 출시 16일 만에 매출 100억 원을 돌파했으며, 그해부터 본격적으로 미스터블루의 성장성을 책임지기 시작했다.

한국형 MMORPG의 최선호 지역 대만에 진출했고, 출시 직후 애플과 구글 스토어의 매출 순위 2위를 기록하기도 할 정도로 큰 인기를 얻었다. 이후 동남아 지역에 진출했고, 이 또한 사전 예약자 수 100만 명을 돌파하며 큰 흥행을 거뒀다. 이후 동남아시아 최대 게임 시장 태국에서 구글 플레이스토어 매출 순위 1위를 기록하기도 했다. 그리고 2022년 일본 진출을 준비 중이다. 현지 퍼블리싱사 펀크루와 협약을 맺었으며 펀크루는 일본 양대 앱 마켓 1위를 차지했던 엑소스 히어로즈를 퍼블리싱한 역량 있는 기업으로 손꼽힌다.

보통 MMORPG의 수명은 5~10년 정도로 게임 주기가 성숙기에 접어들면 활성 이용자를 중심으로 매출이 발생하며 신규 유입 고객이 줄어드는 이른바 '하향 안정화' 국면에 돌입한다. 에오스는 하향 안정화 국면에 접어들면서 매출이 점진적으로 줄어들고 있으며 미스터블루의 영업이익 또한 2020년 144억 원에서 2021년 68억 원 수준으로 급감했다. 미스터블루의 게임 자회사 매출 또한 451억 원에서 260억 원으로 한 단계 하향 조정되었다. 이에 따라 주가 또한 30% 가까이 하락하며 현 가격을 유지하고 있다.

다만 고무적인 사실은 에오스가 지난 5년간 꾸준히 영업이익을 쌓아올렸고 게임 자회사 블루포션즈의 2021년 현금성 자산이 84억 원에 달하는 점이다. 이는 신규 게임을 론칭하기에 충분한 금액이며 현재 동사는 신작을 개발 중이다. 우선 '열혈강호 시리즈'를 중화권 지역에 흥행시킨 룽투코리아와 함께 무협 IP를 통한 신작 게임을 공동 개발해 중국에 서비스할 예정이다. 게임의 구체적 내용에 관해서는 하반기에 구체화될 전망이며 이 게임의 흥행 여부에 따라 미스터블루의 영업이익 레벨 또한 재조정될 것으로 보인다.

플랫폼 부문의 경우 누적 회원 수가 3년간 연평균 15% 이상 증가하고 있으며 2020년 4분기 560만 명에서 2021년 600만 명 이상으로 증가했다. 플랫폼 내 결제금액 또한 지속적으로 상승하고 있다. 무협 장르 외 기타 장르를 자체 제작

스튜디오를 통해 제작하면서 추가 매출이 발생했기 때문이다. 또 미스터블루는 최근 웹소설 강자 기업인 '동아미디어 주식회사'와 '영상출판미디어 주식회사' 경영권을 총 397억 원에 인수해 지속적으로 무협 외 장르를 개척해나갈 계획이다. 두 회사의 경우 현재 영업이익 흑자를 거두고 있기에 이후 연결자회사로 편입되어 영업이익 증대에 기여할 전망이다. 두 회사의 합산 영업이익은 2022년 10억 원 정도로 추산된다.

미스터블루의 경우 현재 주가는 상승분의 대부분을 반납했고, 이는 에오스의 매출 하향 안정화로 인한 것이라 볼 수 있다. 미스터블루의 게임 매출 비중은 2021년 42%로 3년 만에 처음으로 40%대에 접어들었다. 다만 콘텐츠 사업의 경우 3년 연속 지속 성장하고 있으며 인수한 웹소설 제작사 두 곳이 2022년 연결 자회사로 편입되어 매출 및 영업이익 성장에 기여할 전망이다.

게임 사업의 경우 젤리스노우 스튜디오의 '월드 오브 워페어' 퍼블리싱 계약을 맺으며 차세대 먹거리를 발굴해나가고 있다. 자체 개발 게임, 룽투코리아와의 공동 개발 게임, 월드 오브 워페어의 흥행 후 개발사 지분 투자 후 자회사 편입, 이 세 가지 옵션을 통한 게임 사업 성장을 기대해볼 만하다.

45억 원에 인수한 에오스의 현재까지 누적 매출은 1천억 원을 돌파했다. 콘텐츠 산업의 경우 인수 스튜디오를 통한 다

미스터블루 플랫폼 건당 평균 결제금액(ARPU) 추이

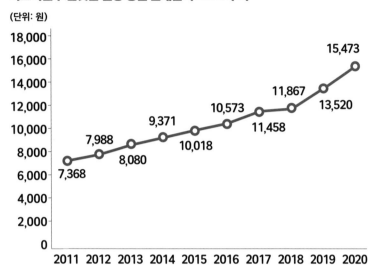

(단위: 원)

주: 건당 평균 결제금액 = 결제금액 % 결제건수

자료: Company fata, 교보증권 리서치센터

미스터블루 자체 플랫폼 가입자 수 추이

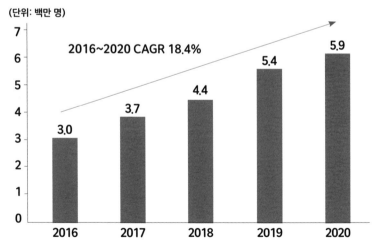

(단위: 백만 명)

자료: 교보증권 리서치센터

양한 자체 제작 웹툰 및 웹소설의 출시로 2022년에도 전년 대비 10~25% 수준으로 매출이 성장할 것으로 보인다. 에오스의 매출이 전년과 같은 수준으로 유지된다고 가정하면 분명 현 주가는 매력적이다. 다만 미스터블루의 성장판을 열어주는 것은 전반적으로 게임 사업에 달려 있다고 보인다.

그리고 앞서 말한 세 가지 옵션은 2022년 하반기 가시화될 전망이다. 데브시스터즈는 '쿠키런 킹덤' 단일 게임의 흥행으로 2020년 61억 원 적자에서 2021년 567억 원 영업이익 흑자를 기록했다. 미스터블루가 가진 포괄적 IP는 전적으로 기업에 귀속되며 이 IP의 핵심은 게임화하기 가장 적합한 무협 장르다. 무협 4대 천왕의 IP를 통한 게임이 성공리에 출시된다면 소비 여력이 높은 4050 세대들을 중심으로 트래픽이 증가할 것으로 기대된다.

미스터블루는 현재까지 자체 무협 IP를 통한 게임 개발을 시도하지 않았으나 열혈강호 온라인이 중화권 대흥행을 거둔 것처럼 자체 제작 및 룽투코리아와의 공동 개발을 통한 흥행작 출시를 기대해볼 만한 상황이다. 미스터블루의 현 부채 비율은 30% 미만으로 게임 개발에 투입할 내부적 리소스는 충분하다. 콘텐츠 사업이 지속적으로 성장한다는 가정하에 현 주가 수준은 저점으로 보인다. 다만 중요한 것은 게임 사업을 통해 추가 성장 동력을 만들어낼 수 있느냐의 여부다. 만약 흥행 신작 출시에 성공한다면 주가의 상승 포텐셜은 상당히 높다고 할 수 있다.

미스터블루는 안정성 측면에서 매력적인 종목이며 향후 게임 사업의 성장 시나리오를 점검하며 투자를 고려할 가치가 있다고 판단된다.

 투자 포인트

이오스 이후 다음 신작의 흥행을 통해
중형 게임사로 급부상하기를 기대해보자.

핵심 성장주를 찾아서
패션

매스티지의 저력

2021년 기준 세계 부자 순위 3위는 일론 머스크와 제프 베이조스에 이어 재산 240조 원을 보유한 루이비통 그룹의 회장인 베르나르 아르노다. IT 산업만이 거부로 가는 유일한 길이라는 편견과 다르게 독자적인 브랜드를 구축한 패션 브랜드 또한 그 못지않은 경쟁력이 있다. 베르나르 아르노의 재산은 빌 게이츠, 워런 버핏, 구글 창업자 래리 페이지와 세르게이 브린을 뛰어넘는다.

패션은 가히 마케팅의 전쟁터라고 불릴 만하다. 그래서 소비자에게 자신의 브랜드를 고급스럽게 인식시키거나, 대중화시키는 데는 수많은 시간과 노력, 자본이 필요하다. 그리고 그 과정 중에서 대다수의 패션 기업이 파산에 이른다. 그럼에도 독자적 브랜드 구축에 성공한 기업은 자신의 상품을 적은 비용으로 해외에서 생산해 큰돈을 벌어들이게 된다.

매스티지는 대중(Mass)과 명품(Prestige Product)가 결합한 신조어로, 비교적 값이 저렴하면서도 감성적 만족을 주는 고급품을 말한다. 패션 사업은 언뜻 보면 제작에 있어 공장 등 설비가 필요하니 한계비용이 많이 드는 사업으로 보인다. 그러나 매스티지 브랜드를 구축한 기업에 있어서는 예외다. 매스티지는 가격이 크게 부담스럽지 않기 때문에 평가가 좋은 브랜드는 대중 전반에게 빠른 속도로 확산된다. 특정 부유층 소비자들만 이들 상품을 구매하는 것이 아니라 여러 대상 고객들로 폭넓게 판매가 이루어지고, 일반 기성품보다 판매 단가는 높기에 폭넓게 고마진으로 상품을 판매하며 매출을 가파르게 올릴 수 있다.

매스티지 브랜드가 되기 위해서는 브랜드 세계관을 탄탄히 구축해야만 한다. 사람들이 상대적 고가격에 상품을 살 명분을 제공해주어야 하기 때문이다. 그리고 필수적으로 역사가 필요하다. 사람들이 명분을 느끼는 가장 큰 포인트가 바로 브

▲ 국내 최대 패션 기업 '휠라홀딩스'와 'F&F'

랜드의 역사다. 그래서 패션 사업자들은 자신들이 브랜드를 만드는 것이 아닌 해외에서 브랜드 라이선스를 받아 사업을 영위한다.

명실상부 국내 최대의 패션 기업은 '휠라홀딩스'와 'F&F' 다. 휠라홀딩스의 윤윤수 회장은 초기에 휠라 코리아 법인을 통해 휠라의 전 세계 신발 사업권을 인수해 휠라를 재도약시 켰고, 이를 통해 축적한 자금으로 2007년 경영난을 겪던 휠라 브랜드 자체를 인수하면서 마침내 휠라 제국의 안주인으로 거듭날 수 있었다. 즉 휠라홀딩스는 전 세계적으로 사랑을 받 는 휠라의 주인인 것이다.

F&F는 1990년대 후반 라이선스 의류 사업이 활성화되지 않은 시점에 MLB(메이저리그)의 의류 사업 라이선스를 취득 해 이를 중국 시장에서 사랑받는 브랜드로 키워냄으로서 지 금의 거대 기업에 이르렀다.

휠라홀딩스와 F&F는 각 5천억 원에 달하는 영업이익을 매년 올리고 있는데 이는 2021년 말 5,949억 원의 영업이익을 올린 카카오와 맞먹는 금액이다. 그러는 사이 두 기업 모두 주가는 10배 넘게 상승했다.

넥스트 매스티지 브랜드 기업은?

우리는 매스티지 브랜드를 꾸릴 수 있을 만한 기업을 미리 선점해야 한다. 패션 기업이 거대 기업으로 도약하기 위해서는 '해당 브랜드의 전 세계 사업권 획득 → 자본 축적 → 해외 명품 브랜드 인수'라는 세 가지 경로를 따라야 한다.

휠라홀딩스와 F&F는 마침내 최종 과업에 진입했다. 휠라홀딩스는 2011년 세계 1위 골프용품 기업 '타이틀리스트'와 기능성 의류 브랜드 '풋조이'를 거느린 아쿠쉬네트를 1조 4천억 원에 인수했다. 타이틀리스트의 골프공과 풋조이 골프화의 전 세계 시장점유율은 50%를 넘어선다. 그리고 아쿠쉬네트는 2016년 뉴욕주식거래소에 상장했다.

F&F는 이에 응수해 지난 2021년 타이틀리스트와 어깨를 견주는 2위 기업 '테일러메이드'를 인수했다. F&F의 김창수

회장은 테일러메이드를 나이키에 버금가는 브랜드로 만들겠다는 포부를 밝혔다. 2개의 국내 기업이 서로 선의의 경쟁을 펼치며 전 세계 골프 의류 업계를 장악했다는 것은 분명 고무적 일이다.

2000년대 초반까지만 해도 패션 사업군은 그다지 고도화되지 않았다. 그렇기에 라이선스를 사오는 것이나 브랜드 자체를 인수하는 과정이 현재에 비해 그 장벽이 높지 않았다. 대신 현재는 SNS와 모바일의 발달로 유행의 순환이 빨라지고, 브랜드를 전파시키는 데 드는 시간이 단축되었다는 시대적 특징이 있다.

결국 중소기업이 위 두 사례처럼 세계적인 기업으로 성장시키기 위해서는 시대의 흐름을 읽는 동물적인 시각과 난관을 뚫고 가는 기업가 정신이 필요하다. 그리고 다음에 이야기할 두 기업의 박영준, 이주영 CEO는 자신의 기업을 맨땅에서 일구어냈으며 현재까지도 경영권을 굳게 유지하고 있다. 이두 기업은 단기간 내에 폭발적으로 성장해왔으며 미래에도 분명 그럴 수 있으리라 확신한다. 기업이 일반 궤도를 벗어나비행하기 위해서는 탄탄한 시스템과 기업가의 야성이 필요한데, 후자가 전자의 힘을 능가할 때가 많고 기업 규모가 크지않을 때 그 성향은 두드러진다. 셀트리온의 사례를 보면 잘 알수 있을 것이다.

다음 설명할 패션 기업의 현재 모습은 F&F와 휠라홀딩스의 과거 모습과 상당히 유사하다고 할 수 있다. 두 거대 패션 기업 모두 경영자의 강력한 리더십 아래에서 세계 유수의 브랜드를 인수할 정도로 성장했다. 에스제이그룹과 더네이쳐홀딩스의 경우도 경영자의 리더십은 물론이고 리더십을 실현할 수 있게 하는 탄탄한 재무구조가 뒷받침된 상황이다. 이들의 장기 성장은 분명 지켜볼 만한 가치가 있다.

핵심 성장주 2개 종목

1. 에스제이그룹

에스제이그룹은 2019년, 2020년, 2021년의 각 영업이익 164억 원, 180억 원, 291억 원을 벌어들이며 패션주 중 가장 가파른 속도로 성장하고 있으나 시가총액은 2022년 9월 28일 기준 1,766억 원에 머무르고 있다. 매년 지속 성장을 하고 있지만 PER이 10배가 채 되지 않는 것이다.

에스제이그룹 재무 정보

(단위: 억 원)

주요 재무 정보	2019.12	2020.12	2021.12
매출액	1,095	1,071	1,497
영업이익	164	180	291
당기순이익	131	156	232

▲ 에스제이그룹 주가차트

에스제이그룹은 매년 지속 성장하지만 PER이 낮은 기업이다.

에스제이그룹은 20대 여성들을 위주로 소비되고 있는 '캉골' 브랜드의 한국 라이선스를 가진 기업이다. 2008년 캉골의 모자 독점 수입을 시작으로, 가방과 의류로까지 카테고리를 확장시켰다.

브랜드 세계관을 구축함에 있어 역사는 선택이 아닌 필수다. 패션 브랜드는 본질적으로 소비자로 하여금 '선망'의 감정을 들게 해야 하며 이를 위한 필수 요소는 바로 브랜드가 가진 유구한 역사다. 비교적 최근 설립된 패션 기업의 경우 역사를 스스로 구축할 수 없기에 이미 구축된 역사를 가졌으나 국내에 덜 알려진 브랜드의 라이선스를 받아와 로열티를 지불하고, 국내에 이를 판매하는 방식을 택하고 있다.

캉골은 1938년 영국 컴브리아 지역에서 탄생한 80년 역사의 브리티시 캐주얼 브랜드이며 특히 모자가 시그니처 상품으로 유명하다. 영국의 전통성과 문화유산을 바탕으로 만들어진 캉골은 1960년대에 비틀즈에 의해 대중적인 인기를 얻게 되었다. 이후 1980년대 미국 뮤지션들의 힙합 문화와 함께 융합되면서 전통성과 현대적인 감각을 동시에 아우르는 브랜드로 위상을 떨쳤으며, 현재까지 글로벌 패션 모자 브랜드로 소비자들에게 인식되고 있다.

1983년에 들어 브랜드가 유명해지면서 캉골은 심볼의 필요성을 인식했고, 미국 고객들이 매장을 방문해 캉골과 이름

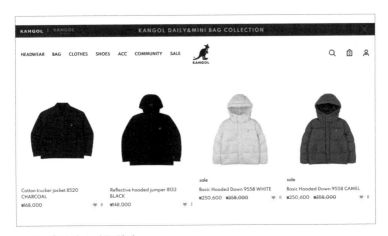

▲ 캉골 온라인 쇼핑몰 화면
2022년 겨울을 기점으로 영업이익은 한 단계 레벨업할 것으로 전망된다.

이 비슷한 '캥거루 모자'를 찾는 일이 잦아지면서 캥거루를 심볼로 확정해 지금까지 브랜드를 상징하는 이미지로 사랑받고 있다.

2012년 에스제이그룹은 캉골 글로벌의 브랜드 오너이자 영국 글로벌 패션&라이프 유통 그룹인 IBML과 캉골에 대해 마스터 라이선스 계약을 체결했다. 마스터 라이선스는 브랜드의 상표를 활용해 협의한 카테고리 내에서 자신의 기획대로 상품을 유통·판매할 수 있는 권리를 말한다. 이를 통해 에스제이그룹은 모자뿐만이 아닌 가방, 옷으로 라인업을 확장시켜나갔다.

캉골은 국내 MZ세대 중 모르는 이가 없을 정도로 브랜드가 대중화되어 있는데, 이는 온전히 에스제이그룹의 공이 크다고 할 수 있다. 2015년부터 2019년까지 에스제이그룹의 연평균 성장률은 49%에 달하며 해당 기간을 거쳐 에스제이그룹은 국내 시장에서 독자적인 브랜드 세계관을 구축시키는 데 성공했다.

사실 매스티지 브랜드의 핵심은 '아웃웨어'에 달려 있다고 보아도 무방하다. 티셔츠나 신발, 가방의 경우 판매 단가 자체가 낮아 큰 마진을 거두기 힘드나, 아웃웨어는 기본 단가가 15만 원을 훌쩍 넘어가기에 영업이익 창출에 유리하다. F&F가 이토록 거대 기업으로 성장할 수 있었던 데는 MLB 야구점퍼의 공이 크다.

2021년부터 에스제이그룹은 본격적으로 아웃웨어 상품을 출시하기 시작해 주력 카테고리로 삼기 위해 노력 중이다. 기존까지 에스제이그룹의 캉골 주력 카테고리는 에코백과 맨투맨 티셔츠, 모자로 상대적으로 거둘 수 있는 수익이 많지 않았으나 2022년 겨울을 기점으로 영업이익은 한 단계 레벨업할 것으로 전망된다.

여기서 하나의 의문점이 생긴다. '안정적으로 성장해온 에스제이그룹의 주가는 왜 답보 상태일까?' 하는 점이다. 이는 바로 내수용 기업이라는 불명예스러운 꼬리표 때문이다. 그러나 내수 위주 패션 사업만으로 성장의 한계가 닥쳤다는 시장의 판단이 과연 맞는 것일지 본질적인 의문을 제시해본다.

휠라 브랜드를 자체 보유한 휠라홀딩스의 해외 매출 비중은 2021년 기준 매출 3조 7,939억 원 가운데 2조 9,535억 원으로 무려 78%에 달한다. 그러나 F&F의 2021년 매출은 1조 891억 원이고, 해외 매출은 3,337억 원으로 30% 수준에 머물러 있다. 글로벌 기업으로 인식되는 F&F도 사실 내수 기업에 가까웠던 것이다.

F&F는 MLB 사무국으로부터 마케팅 능력을 인정받아 아시아 9개국(홍콩, 마카오, 태국, 대만, 말레이시아 등)에 대한 라이선스 전개권을 확보한다. 뒤이어 2019년에는 중국 시장에 대한 사업권도 확보해 활발히 중국 사업을 전개 중이나 아직까지 주요 수익원은 내수 사업인 셈이다. F&F는 '디스커버리'와 'MLB'라는 걸출한 브랜드를 2개나 가지고 있고 이들의 주력 상품은 쉽게 말해 패딩이다. F&F의 2021년 영업이익률은 30%에 달한다. 반도체 회사인 SK하이닉스에 맞먹는 영업 효율을 가진 것이다. 휠라홀딩스의 영업이익률은 13%다.

쉽게 말해 F&F의 주력 상품은 패딩으로 내수 아웃웨어 시장을 과점하면서 기업을 이토록 키워왔고, 휠라홀딩스의 주력 상품은 신발 및 운동복으로 상대적으로 마진이 적은 대신 브랜드 보유자의 이점을 살려 이를 전 세계에 흩뿌려서 거대 기업으로 도약한 것이다. 이는 국내 패딩 시장이 가진 힘을 보여준다.

그리고 무엇보다 F&F의 시가총액은 휠라홀딩스보다 영업 이익을 적게 내는데도 불구하고 2022년 9월 28일 기준으로 휠라홀딩스의 2배가 넘는다. 그 이유는 비슷한 수준의 영업 이익을 거두고 있음에도 F&F의 글로벌 공략은 이제부터 본격적으로 시작되었기 때문이다. 휠라홀딩스는 전 세계적으로 유통망을 확보하고 있고 이를 유지하는 수성의 싸움을 하고 있고, F&F는 처절한 공성의 싸움을 하고 있기에 시장은 F&F의 손을 들어준 것이다.

비슷한 사례로 이랜드의 뉴발란스를 들 수 있다. 2008년 이랜드월드는 미국 본사로부터 뉴발란스의 국내 독점 계약을 확보했고 뉴발란스를 2008년 연 매출 250억 원에서 2020년 5천억 원 브랜드로 성장시켰다. 이 공로를 인정받아 이랜드는 2011년 뉴발란스의 중국 10개 도시(베이징, 상하이 등) 독점 판권을 확보해 수천억 원을 벌어들이고 있다. 이랜드 역시 처음에는 한국 판권만 확보했으나 본사의 신뢰를 바탕으로 중국 판권을 획득해 성장 가도를 달리고 있는 것이다.

그래서 우리는 내수 시장을 평가절하하는 우를 범하지 말아야 한다. 국내 패딩 시장은 결코 작지 않고, 캉골의 패딩은 분명 경쟁력이 있다. 그리고 캉골은 국내 시장의 마스터 라이

뉴발란스 한·중 매출 및 매장 수 추이

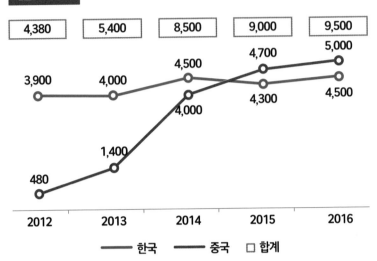

매출(단위: 억 원)

| 4,380 | 5,400 | 8,500 | 9,000 | 9,500 |

3,900 4,000 4,500 4,700 5,000
480 1,400 4,000 4,300 4,500

2012 2013 2014 2015 2016

—— 한국 —— 중국 □ 합계

※ 2011년 중국 사업권 획득

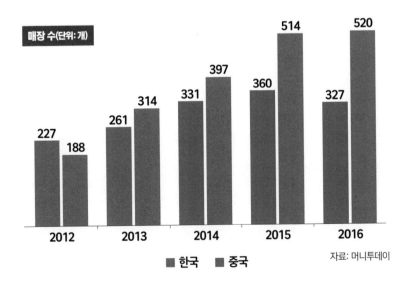

매장 수(단위: 개)

227 188 / 261 314 / 331 397 / 360 514 / 327 520

2012 2013 2014 2015 2016

■ 한국 ■ 중국

자료: 머니투데이

선스를 갖고 있다. 캉골 패딩을 통해 본사에 막대한 로열티 수익을 벌어주고, 그 공로를 인정받아 중국 사업권을 획득하고 글로벌 패션 기업으로 거듭나는 과정을 통해서 충분히 주가가 큰 폭으로 상승할 수 있는 것이다. F&F처럼 말이다.

물론 휠라홀딩스와 같이 브랜드 자체를 인수하는 것이 가장 이상적인 방향이고 궁극적인 지향점이나 현시점에서 그것은 아득한 일로 보인다. 현시점에서 우리는 캉골 아웃웨어 제품의 성과에 주목해야 한다.

이 외에도 에스제이그룹은 마스터 라이선스 사용 권한을 적극 활용해 '캉골 키즈'라는 아동복 서브 브랜드를 론칭했고 큰 성공을 거두고 있다. 2018년 론칭한 캉골 키즈는 국내 백화점 아동복 브랜드 매출 5위권 이내에 꾸준히 머물며 에스제이그룹의 신성장 동력으로 자리 잡았다. 캉골 키즈는 2019년, 2020년, 2021년 매출 92억 원, 151억 원, 327억 원으로 캉골 브랜드 인지도를 지렛대 삼아 초고속 성장했으며 현재 매출 비중의 22%를 차지하고 있다. 캉골 키즈는 3년 이내 1천억 원 매출을 돌파할 것으로 예상되며 이것으로만 보아도 사실 에스제이그룹의 투자 매력도는 상당히 높은 편이라고 할 수 있다.

F&F가 MLB와 디스커버리라는 브랜드를 동시에 가지고 있는 것처럼 에스제이그룹에는 '헬렌카민스키(Helen Kaminski)'

에스제이그룹 계약 라이선스

구분	제품 라이선스 계약
지역	대한민국 지역 내 온·오프 유통 전체
기간	2017년 12월~2026년 11월(4년 계약+5년 자동연장)
로열티	부가세가 제외된 실매출액(도매가 기준)의 0%
카테고리	1. 비치웨어: 수영복, 카프탄, 비치드레스, 타올 2. 아웃웨어: 카디건, 스웨터, 레인코트, 오버코트, 아웃도어웨어 3. 레저웨어: 테니스, 요트 등 레저 관련 의류 아이템 4. 라운지웨어: 파자마, 로브, 스웨터, 니트팬츠 등 5. 라이프스타일 액세서리: 여행가방, 여행용 액세서리, 우산, 스몰굿즈, 향수, 비치타올, 비치매트 6. 패션 액세서리: 벨트, 장갑, 선글라스, 시계 7. 캐주얼신발: 뮬, 슬립온, 샌들, 샌드슈즈, 모카신발, 드라이빙슈즈, 스키슈즈, 캐주얼슈즈 ※ 카테고리에 없는 아이템은 향후 협의를 통해 추가 가능 ※ 상표권에 대한 전용사용권 설정

자료: 2021년 사업보고서

▲ 에스제이그룹의 브랜드

가 있다. 에스제이그룹이 2016년 영업권을 인수한 헬렌카민스키는 휴양지에서 주로 착용하던 고급 밀짚모자로 알려진 호주 브랜드이며 1983년에 시드니에서 시작되었다. 1983년 창립자 헬렌 마리 카민스키는 호주의 강한 햇볕으로부터 자기 아이들의 피부를 보호하기 위해 라피아 모자를 손수 만들기 시작하면서 브랜드의 출발을 알렸다. 얼마 지나지 않아 몇몇 부티크에서 그녀의 독특한 디자인에 관심을 보였고, 1년 후 보그 에디터가 한 부티크에서 그녀의 첫 번째 모자 'Classic 5(클래식 5)'를 발견하고 기사를 다루면서 대중에게 알려지기 시작했다.

헬렌카민스키는 현대적인 디자인과 전통 공예의 결합을 추구한 독특한 수공예 디자인을 통해 글로벌 모자 브랜드로 자리 잡게 되었다. 최근에는 〈품위 있는 그녀〉의 주인공 김희선이 예능프로그램 〈섬총사〉에서 헬렌카민스키 라피아 햇을 착용하면서 국내에도 유행처럼 번졌다.

에스제이그룹이 선구안을 통해 이 브랜드를 도입한 이래 헬렌카민스키는 3040 젊은 학부모들 사이에서 유행을 타며 단일 명품 모자 브랜드 카테고리 내에서는 인지도 및 매출 부분 독보적 1위 자리를 차지하게 되었다. 헬렌카민스키의 매출은 2019년, 2020년, 2021년에 각 223억 원, 234억 원, 294억 원으로 2021년 기준 에스제이그룹 매출의 20%를 담당하고 있다.

아쉽게도 헬렌카민스키와의 계약은 국내 독점 수입 유통 계약이며 본사에서 제작한 상품을 국내에 유통하는 형식으로 사업이 이루어진다. 그럼에도 고무적인 사실은 헬렌카민스키의 상품은 모자에 집중되어 있고 국내 지역에서 유독 인기를 끌고 있다는 것이다. 기업 자체의 평가 가치가 크지 않아 에스제이그룹이 충분히 인수를 시도해볼 만하다. 실제로 에스제이그룹도 인수를 시도했고, 현재까지도 의지를 갖고 있다. 애초에 에스제이그룹은 유통 사업권을 획득하기 전 호주 본사와 협의해 헬렌카민스키를 직접 인수하려고 시도했으나 코로나19 때문에 늦어졌다고 말한 바 있다.

헬렌카민스키의 브랜드 매출 중 대한민국의 비중은 40%를 넘어선다. 달리 말해 전 세계에서 헬렌카민스키 브랜드의 마케팅과 유통을 가장 잘하는 그룹 또한 에스제이그룹이라고 해석해도 무방하다. 그리고 브랜드의 규모는 현재 에스제이그룹의 자금력으로도 충분히 인수가 가능한 상황이다. 현재는 모자를 위주로 사업을 전개하고 있지만 패딩, 코트 등의 아웃웨어로 카테고리를 확장하고 있다.

다시 한번 말하지만 이익의 관점에서 보면 패션의 꽃은 아웃웨어다. 에스제이그룹이 헬렌카민스키를 본격 인수하고 캉골에서 증명된 특유의 기획력으로 3040 여성용 아웃웨어를 본격적으로 출시한다면 수취할 이득은 상당한 수준이 될 것이다. 2022년 내 헬렌카민스키와의 인수 계약이 성사될 가능성이 있고, 이것이 사실화된다고 해도 주식은 스팟성으로 단기적으로 상승할 수 있겠다. 그러나 이 계약이 가지는 효용은 그보다 훨씬 클 것이다. 에스제이그룹의 CFO가 'K2C&I' 채널 유튜브 영상을 통해 인수 추진 의사가 있다고 공개적으로 밝힌 바 있다.

F&F은 MLB의 유구한 전통과 역동적 이미지를 지렛대 삼아 이를 현대적 감각에 맞게 아웃웨어 상품으로 잘 녹여내 현재에 이르렀다. 에스제이그룹이 가야 할 방향성과 정확히 일치한다. 또 에스제이그룹은 차기 라이선스 사업으로 '팬암'을 택했다. 팬암은 미국을 대표하는 항공 회사이자 문화 아이콘으로 비행기를 이용한 대륙 간 국제 여행을 처음으로 실현해 낸 회사다. 팬암이라는 회사는 현재 역사 속으로 사라졌지만 2011년 시대극 〈팬 암(Pan Am)〉으로 영상화되어 있을 만큼 그 가치와 선호도가 크다고 할 수 있다.

에스제이그룹의 이주영 대표는 삶의 모든 것은 여행이라고 칭하며 팬암이라는 항공 브랜드를 여행이라는 콘셉트로 녹여내겠다고 말한다. 최근에는 하이라이트브랜즈라는 라이선싱 전문 기업이 2020년 팬암과 비슷하게 레트로풍의 브랜드 이미지를 보유한 필름카메라 코닥의 브랜드를 입힌 의류를 출

자료: 팬암 브랜드 라이선싱 홈페이지

에스제이그룹이 차기 라이선스 사업으로 선택한 '팬암'.

팬암의 성장 가능성은 하반기에 확인할 수 있을 것이다.

시해 출시 첫해 100억 원 매출을 돌파했고, 2021년에는 매출 500억 원을 돌파했다. 에스제이그룹의 2021년 매출이 약 1,500억 원인 것으로 미루어 충분히 캉골 키즈와 같이 단기적 방향성에서의 신성장 동력이 될 포텐셜을 가지고 있다고 볼 수 있다. 팬암의 성장 가능성은 하반기에 확인할 수 있을 것이다.

에스제이그룹은 4년 연속 연평균 20% 이상으로 고속 성장하고 있으며, PER은 10배 이하 수준으로 현 단계에서도 투자 매력도는 충분하다고 볼 수 있다. 그러나 에스제이그룹의 주가가 큰 폭으로 상승하기 위해서는 아웃웨어 카테고리 군에서의 유의미한 성과가 필수다. 그리고 헬렌카민스키의 인수가 현실화될 경우 또한 주가 상승의 기폭제가 될 것으로 예상된다.

투자 포인트

아웃웨어 카테고리에서의 성과를 기대해보자.

2. 더네이쳐홀딩스

The Nature
THE NATURE HOLDINGS

2022년 9월 28일 기준 더네이쳐홀딩스의 시가총액은 약 3,680억 원 정도로 형성되어 있으며, 2019년, 2020년, 2021년 영업이익은 각 398억 원, 545억 원, 689억 원으로 에스제이그룹과 마찬가지로 연평균 20% 이상 고속 성장 중이다.

2004년 설립된 더네이쳐홀딩스는 2013년 '내셔널지오그래픽'의 라이선스를 획득해 가방에서 시작해 점차 품목을 넓혀가 영업 마진이 가장 높은 의류 품목으로 꼽히는 아웃도어 패딩 제품 시장을 성공적으로 공략해 중견 패션 기업으로 재탄생했다. 이로 인해 더네이쳐홀딩스의 2021년 영업이익률은 약 19%로 동종 패션 기업에 비해 높은 편이다. 2019년 하반기에는 미국의 미식축구 리그인 NFL의 스포츠의류 라이선스 계약을 체결해 신성장 동력을 마련한 상황이다.

더네이쳐홀딩스의 강점은 독특하게 '내셔널지오그래픽'이라는 글로벌 잡지사 브랜드를 의류에 이식시켰기에 해당 라이선스를 보유한 타 국가의 경쟁자가 없어 사업을 수월하게 영위하고 있다는 점이다. 그 결과 더네이쳐홀딩스는 내셔널지오그래픽의 브랜드 원소유자 디즈니 측으로부터 역량을 인

더네이쳐홀딩스 재무 정보

(단위: 억 원)

주요 재무 정보	2019.12	2020.12	2021.12
매출액	2,353	2,932	3,703
영업이익	398	545	689
당기순이익	161	383	583

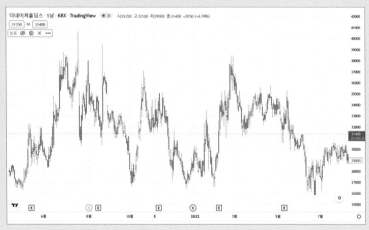

▲ 더네이쳐홀딩스 주가차트

더네이쳐홀딩스는 중국 합작 법인 출범을 준비 중이다.

정받아 안정적으로 사업을 확장시켜나가고 있다. 덕분에 에스제이그룹에 비해 글로벌 진출에 다소 수월하다는 장점이 있다. 디즈니의 입장에서는 자신의 브랜드 자산을 바탕으로 안정적인 로열티 수익을 얻을 수 있기에 상호 이해관계가 맞다. 신뢰관계가 형성되어 디즈니가 가진 마블, 픽사, 스타워즈 등 다양한 브랜드로 사업 영역을 확장시키거나, 특별한 장애 요소 없이 글로벌 시장에 진출할 수 있는 것이다.

현재 디즈니의 굿즈 쇼핑몰 '숍 디즈니'에 더네이쳐홀딩스의 내셔널지오그래픽 제품이 올라가 있는 상태이며, 더네이쳐홀딩스는 2022년부터 본격 해외 공략에 나설 예정이다. 동시에 품목을 신발로 늘려 2022년 하반기에 론칭할 계획이다. 에스제이그룹과 마찬가지로 내셔널지오그래픽의 해외 매출 비중 또한 2021년 기준 1% 미만이지만 글로벌 공략 계획이 구체적으로 드러났다는 점에서 에스제이그룹에 비해 상대적 투자 매력을 갖고 있다.

먼저 홍콩 지역의 경우 현지 라이선스 관리사 '디즈니 홍콩'과 2021년 별도로 내셔널지오그래픽의 라이선스 계약을 체결해 3개의 매장을 출점했다. 대만 지역에는 현지 유통망을 가진 '모멘텀 스포츠'와 도매 계약을 체결해 물건을 납품 중이며, 향후 합작 법인의 형태로 사업을 전환시킬 것으로 예측된다. 홍콩 시장의 경우 향후 1천억 원 매출까지 노려볼 만한 시장이나 코로나19로 인한 락다운 조치와 홍콩 사태로 인해 매장 확대 시기를 관망하고 있다. 향후 코로나19가 안정되면 홍콩 지역 매출은 가파른 속도로 증가할 것으로 예상된다. 또한 동사는 홍콩과 같은 방식으로 2022년 하반기 일본과 호주 시장에 새롭게 도전할 계획을 밝혔다.

거대 중국 시장의 경우 독자적으로 사업을 영위하기에 무리가 있다는 판단하에 유력 파트너의 힘을 빌리는 전략을 택했다. 2022년 중국 내 7천여 개의 매장을 운영 중인 베스트셀러그룹과 중국 합작 법인(동사 지분율 51%)을 출범할 예정이다. 덴마크에 본사를 둔 베스트셀러그룹은 잭앤존스, 온리, 베로모다, 셀렉티드 등 여성/남성 중저가 캐주얼 브랜드를 보유하고 있으며, 중국 여성 캐주얼 내 점유율이 나이키에 이어 2위를 차지하고 있다. 동시에 티몰과 위챗을 통해 온라인몰과 라이브커머스로도 활발하게 온라인 사업을 펼치고 있다.

현재 동사는 상하이에 팝업 스토어를 가동시킨 상태이며 합작 법인 설립 이후 상하이 1선 도시 25개를 중심으로 직영점을 오픈할 예정이다. 이후 상하이에 1,800개의 매장을 운영하는 베스트셀러그룹의 오프라인 네트워크를 활용해 2, 3선 도시로 출점을 본격화할 계획이다. 무엇보다 베스트셀러그룹의 본사가 덴마크인 만큼 향후 유럽 지역에서의 추가 협업이

기대되는 상황이다.

이 외에도 에스제이그룹의 전략과 같이 2019년 3분기 내셔널지오그래픽 키즈를 론칭했고 2022년 400억 원가량의 매출이 기대된다. NFL 브랜드 또한 연 100억 원 수준의 내수 매출이 기대되며 2020년 론칭한 신생 브랜드인 만큼 단계적 성장을 거쳐 핵심 수익원으로 자리 잡을 전망이다.

골프웨어 시장은 더네이쳐홀딩스의 최선호 신규 사업 영역으로 점쳐진다. 실제로 동사는 2021년 세계 3개 골프 장비 회사 '테일러메이드'의 인수전에 전략적 투자자 형태로 뛰어들었으나 F&F가 최종 투자자로 낙점되면서 동사의 계획은 무산되었다. 2022년에는 국내 최대 골프공 제조사 '볼빅'의 인수를 추진하기도 했으며, 이후 김효겸 골프존 엔터테인먼트 전 대표를 사외이사로 영입했다. 그리고 4월 골프장 사우스스프링스 컨트리클럽에 300억 원 규모(23%)의 지분 투자를 단행했다.

한국레저산업연구소에 따르면 2021년 골프 인구는 515만 명에 달하며 매년 가파른 속도로 증가하고 있다. 추후 내셔널지오그래픽의 브랜드를 활용하거나, 신규 브랜드 론칭 혹은 해외 중소 골프웨어 브랜드 인수, 이 세 가지 선택지 중 하나를 통해 골프 시장에 진출할 것으로 예상된다.

더네이쳐홀딩스를 더러 '포스트 F&F'라 칭하기도 한다. 두

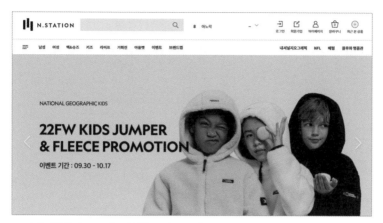

▲ 더네이쳐홀딩스 브랜드 통합몰 엔스테이션

회사의 시가총액은 10배가량 차이가 나지만 더네이쳐홀딩스
는 F&F가 MLB 브랜드를 통해 합작 법인을 세워 중국 시장에
진출한 것과 같은 전략 방향을 택하고 있다. MLB와 달리 내
셔널지오그래픽이라는 브랜드 자체에 대한 소구력에 의문을
제시하는 견해도 있지만, 실적이 이 의문에 대한 해답을 제시
한다.

내셔널지오그래픽의 매출은 국내 기준으로 5년 연속 급성
장해왔다. 그리고 아웃웨어와 가방 외에 언더웨어, 신발로 카
테고리 군을 추가로 확장하며 영업이익 증가에 기여할 것이
다. 모든 패션 회사의 비전인 중국 시장 진출은 현지 최고의
파트너와 유리한 조건으로 합작 법인을 설립해 2023년부터
본격적으로 이루어질 전망이다. 더네이쳐홀딩스의 2021년

매출은 약 3,700억 원이며 중국을 포함한 글로벌 매출이 더해지면 2023년 7천억 원 매출이 기대되는 상황이다.

더네이쳐홀딩스의 가장 큰 장점은 내셔널지오그래픽의 의류 판매 라이선스를 인가받은 세계 유일한 회사라는 점이다. 게다가 디즈니의 온·오프라인 숍에 물품을 공급할 정도로 좋은 유대 관계를 형성하고 있다. 현재 네이쳐홀딩스의 PER은 10배 이하이며 본격적인 해외 공략은 2022년부터가 본격적인 시작이다.

투자 포인트

내셔널지오그래픽의
중국 성장을 기대해보자.

핵심 성장주를 찾아서
플랫폼

플랫폼은 거목으로 자랄 씨앗

플랫폼 기업은 단연코 가치 성장의 속도가 가장 빠른 사업군이다. 플랫폼의 경우 어느 정도 활성 사용자가 확보된다면 그 가치가 기하급수적으로 증가한다는 장점이 있다. 당근마켓의 사례를 보면 이해할 수 있을 것이다. 마켓컬리와 원티드랩처럼 테크 기반 플랫폼 기업의 경우 현 영업이익이 적자를 기록하더라도 거래소에서 특례 상장 요건을 적용해 이르게 증시에 상장할 수 있다는 장점이 있다. 정부와 거래소는 국가의 발전을 위해 스타트업을 육성할 의무가 있고, 그 정책의 일환으로 신성장 기업에 한해 증시 상장 요건을 완화한 것이다.

증시 상장 요건이 완화되고 투자자들의 연령층이 낮아짐에 따라 고성장주에 대한 관심이 집중될수록 유리한 기업은 바로 상장될 만한 자회사를 보유한 기업이다. 자회사의 성장 속도가 가파를수록 모회사의 그늘에 갇혀 있는 쪽보다 독립 법인으로 주목을 받는 것이 가치 총량의 증대에 훨씬 더 효과적이다.

예를 들어 네이버와 달리 카카오는 사업군별로 별도 법인을 설립해 카카오페이, 카카오게임즈, 카카오뱅크를 개별 상장하는 전략을 택했다. 이를 통해 투자자들은 각 법인이 가진 매력을 온전히 파악해 투자를 집행할 수 있고 그 결과 카카오 전체의 투자 수급 총량은 증가하는 것이다. 또 카카오의 입장에서는 개별 사업군의 리스크가 카카오 법인 전체로 퍼지지 않게 리스크를 분산시킬 수 있다는 장점이 있다.

이러한 장점 때문에 고성장 법인을 보유하고 있는 기업은 필연적으로 그들의 회사를 독립 상장할 것이며 이는 시기의 문제에 불과하다. 자회사의 상장을 통해 모회사는 공모 자금을 모집할 수 있고, 향상된 자본력을 바탕으로 플랫폼은 더욱 가파른 속도로 성장할 것이다.

우리가 취해야 할 행동은 본업 경쟁력을 확보해 영업이익

하한선이 마련된 가운데 유망 플랫폼 자회사를 보유하고 있는 기업을 택하는 것이다. 플랫폼이 빠른 속도로 성장해 기업의 지분 가치를 상회하거나, 이 플랫폼이 별도 상장할 때 주가는 큰 폭으로 상승할 가능성이 크다.

핵심 성장주 2개 종목

1. 케어랩스

CARELABS 2012년 4월 설립된 IT 기업 케어랩스는 국내 1위 모바일 헬스케어 플랫폼인 '굿닥'과 1위 성형 정보 애플리케이션 '바비톡'을 운영하고 있다. 2020년 별도 법인으로 분리된 굿닥은 코로나19 이후 원격진료에 대한 선호 증가로 급격한 속도로 성장하고 있으며, 2021년 '바비톡'을 물적분할해 별도 법인으로 설립했다. 케어랩스의 현금성 자산은 2021년 기준 약 400억 원에 달하며 2018년 코스닥 상장 후 4년 연속으로 흑자 기조를 이어가고 있다.

케어랩스 재무 정보

(단위: 억 원)

주요 재무 정보	2019.12	2020.12	2021.12
매출액	683	767	939
영업이익	36	60	33
당기순이익	5	45	12

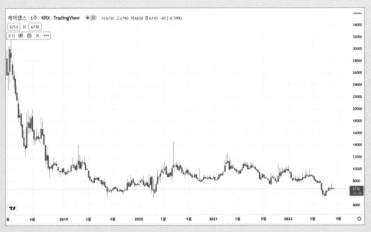

▲ 케어랩스 주가차트

케어랩스는 굿닥과 바비톡으로 유명한 기업이다.

명실상부하게 케어랩스는 스타트업 기반 플랫폼 기업 중 재무구조가 가장 견실한 기업에 속한다고 볼 수 있다. 굿닥은 스타트업이 으레 그렇듯 R&D 및 성장 동력 발굴을 위한 투자 집행이 이어지며 지속 적자를 기록하고 있다. 하지만 바비톡의 경우 2021년 40억 원의 영업이익을 내며 지속적인 영업 흑자를 기록하고 있어 이미 상장 요건을 완비하고 있다고 볼 수 있다.

케어랩스는 언론 발표를 통해 2023년 바비톡의 IPO 계획을 구체적으로 공표한 바 있다. 케어랩스는 굿닥과 바비톡의 지분을 2021년 말 기준 96.11%, 100% 보유하고 있었다. 다만 굿닥의 경우 지난 3월 210억 원 규모의 시리즈 A 투자를 성공적으로 마쳤는데 이 때문에 지분율은 다소 희석될 것으로 전망된다. 이 투자에는 KB인베스트먼트, IBK기업은행, 보광인베스트먼트 등 유수 벤처캐피털 기관들이 참여했다.

당시 굿닥의 가치는 약 700억 원 수준으로 산정되었다. 2020년 GC녹십자헬스케어가 '똑닥' 서비스를 제공하는 비브로스에 투자할 당시 똑닥의 기업 가치를 1,200억 원 수준에서 평가한 바 있다. 여기에서 유추할 때 그보다 활성이용자 수가 월등한 굿닥의 가치는 1년 이내 1,200억 원 이상으로 재조정될 것으로 보인다. 이에 케어랩스가 가진 지분의 가치 또한 800억 원 이상으로 재평가받게 될 것으로 보인다.

▲ 케어랩스의 앱, 굿닥과 바비톡

　케어랩스는 2020년 굿닥의 물적분할 당시 3년 내 상장(IPO) 계획을 밝혔고 이에 따라 바비톡과 함께 빠른 시일 안에 상장 될 것으로 전망된다. 상장에 성공한다면 굿닥의 밸류에이션 은 테마성과 성장성에 주목받아 1,800억 원 수준에서 형성될 것으로 보인다.

　또한 바비톡은 이미 40억 원 수준의 영업이익을 거두고 있고, 해외 진출을 앞두고 있어 성장성과 안정성 측면에서 중소형 플랫폼 기반 스타트업 중 월등한 편이라고 볼 수 있다.

특례 상장을 통해 증시에 상장한 HR 인력 채용 플랫폼 '원티드랩'의 경우 매년 지속 적자를 기록하다 2021년 61억 원의 누적 당기순이익을 기록했고 2022년 8월 12일 기준 시가총액은 2,201억 원을 기록하며 60배가 넘는 PER을 기록하기도 했다. 시장은 원티드랩의 성장 가능성에 후한 점수를 매긴 것이다.

바비톡의 2022년 영업이익 추정치는 60억 원 수준이며 동남아 지역 해외 진출과 위드 코로나로 인한 미용 수술 매출 정상화 이슈 등을 고려했을 때 2년 내 영업이익은 100억 원 수준으로 맞추어질 것으로 보인다.

바비톡은 현재 케어랩스가 지분을 100% 보유하고 있기에 외부 투자를 받은 적이 없어 시장의 객관적 평가액은 도출된 바 없다. 하지만 타겟 영업이익 60억 원과 해외 진출 모멘텀을 종합해 주관적으로 예측해보자면 최소 1,500억 원 수준이다. 2022년 9월 28일 기준 케어랩스의 시가총액은 1,408억 원에 불과하다. 시가총액이 지분 가치를 훨씬 밑도는 것이다. 이러한 가치의 비대칭은 바비톡의 정량적 평가가 이루어지지 않았기 때문이라고 판단한다. 그러나 별도 상장이 이루어지면 구체적 숫자를 통해 국내 증시에 공표되기에 이러한 비대칭은 해소되리라 예상된다.

굿닥과 바비톡 중 개별 가치는 바비톡이 우세하며 상장 또한 바비톡이 먼저 이루어질 것으로 예상된다. 이에 따라 2023년 본격 상장 심사 단계에서 케어랩스의 가치 재평가가 이루어지리라 판단한다.

현재 케어랩스의 2021년 기준 매출 비중은 디지털 마케팅 부문에서 48.45%, 플랫폼 부문에서 32.52%, 헬스케어 솔루션 부문에서 14.47%, 소셜 네트워크 부문에 2.53%로 분포되어 있어 본업은 오히려 디지털 마케팅이라고 불러도 무방하다. 뚜렷한 매출의 하한선이 있기에 플랫폼 부문에서 더욱 공격적으로 사업을 영위할 수 있었던 것이다.

케어랩스는 '바이브알씨'라는 법인을 통해 국내 주요 포털 사이트 광고, 키워드 광고, SNS 및 바이럴 마케팅, 커뮤니티 광고 등의 종합 마케팅 대행 사업을 펼치고 있다. 헬스케어 솔루션 사업은 '위버'라는 법인을 통해 전개되며 고객 관리 소프트웨어를 개발, 유통하고 있다. 또한 케어랩스의 고객관리 소프트웨어는 강남권 80%의 병·의원을 클라이언트로 확보하고 있으며, 650개의 비급여 병·의원에서 사용 중인 전국 1위 소프트웨어다.

이 두 부문의 경우 이미 사업 확장이 진행되었기에 뚜렷한 성장은 힘드나 약 20억 원의 영업이익을 지속적으로 창출해

CARELABS

케어랩스는 병의원정보 서비스, 병의원 고객관리 소프트웨어, 디지털 마케팅 솔루션 등의
종합 헬스케어 IT서비스를 제공하고 있습니다.
케어랩스의 사업부를 소개해드립니다.

goodoc
굿닥

 UPPEAR
어피어

바비톡

 NO.1 MEDIJOB 메디잡
메디잡

 Über soft
위버소프트

 VIBE RC
VIBE REVOLUTION CREATIVE
바이브알씨

바비톡, 위버, 바이브알씨, 굿닥 등

케어랩스는 종합 헬스케어 IT서비스를 제공한다.

케어랩스의 실적을 방어하고 있다. 쉽게 말해 케어랩스의 바닥을 담당하고 있는 것이다. 케어랩스의 모든 사업모델은 정확히 헬스케어 분야에 정조준되어 있어 클라이언트 네트워크를 활용한 효율적인 마케팅이 가능하다는 장점이 있다.

케어랩스의 상단을 책임지는 굿닥과 바비톡에 대해 좀 더 살펴보자. 굿닥은 병원 갈 때의 모든 과정인 주변 병원 찾기부터 접수 및 예약, 비대면 진료, 의약품 배송까지 모바일로 간편하게 서비스를 제공한다. 현재 병원 후기는 30만 개를 넘어섰으며 4천 개 이상의 클리닉 상품의 정보가 제공되고 있다. 굿닥이 궁극적으로 지향하는 바는 가벼운 질환의 경우 직접 병원을 찾지 않고 비대면 영상통화를 통해 의료진의 진료를 받고 전자 처방전을 약국에 제출하거나 배송을 통해 약을 수령할 수 있도록 만드는 종합 의료 플랫폼이다.

국내에서는 제도적 문제로 발전이 더디게 진행되고 있으나, 미국의 원격진료 독점 사업자 '텔레닥'의 시가총액은 9월 28일 기준 한화로 6조 5,623억 원에 달한다. 텔레닥은 1만여 명의 의료진을 활용해 결막염과 같은 가벼운 질환부터 암과 같은 중증질환, 정신과 상담 등 폭넓은 원격의료 서비스를 제공하고 있다. 현재 텔레닥에 가입된 회원 수는 약 7,500만 명으로 그중 유료 서비스 이용자만 5,300만 명에 달한다. 윤석열 대통령은 후보자 시절부터 국민 모두가 원격의료의 수혜를 누릴 수 있도록 할 것이라고 공언했다. 주요 공약으로 '디지털 헬스케어 산업 육성'을 내건 만큼 정책적 수혜도 기대된다.

비대면 진료는 2년 전 코로나19 감염 예방 차원에서 한시적으로 허용되어 현재까지도 지속 성장하고 있다. 보건복지부에 따르면 비대면 진료 허용 이후 2022년 1월 5일 기준 진료 건수는 352만 건을 돌파한 것으로 나타났다. 전국경제인연합회는 원격의료 시장을 연평균 14.7%씩 성장하는 시장이라고 추산한다. 비대면 진료 시장을 이제 막 시작하는 단계이며 도서·산간 등 의료 접근성이 떨어지는 벽지를 제외하면 주로 20대부터 40대 여성이 비대면 진료 서비스를 이용하는 주요 이용자다. 소비자군의 확장 여지가 아직 많이 남은 것이다. 10대, 중장년층 외에도 병원을 잘 찾지 않는 남성 이용자들까지 시장에 가담한다면 비대면 진료 서비스의 시장 가치는 더욱더 커질 것으로 보인다.

굿닥은 목표로 하는 완전 원격진료로 가기 전 '접수' 절차부터 혁신시키고 있다. 기존에 우리가 병원에 들러 접수하기 위해서는 상담 간호사와 대화 후 서명란이 있는 서류를 작성해야 했다. 이 과정에서 대면이 필요했다. 그러나 굿닥은 태블릿 PC에 인적정보를 기입하면 저절로 접수를 마치는 시스템을 구축했다. 굿닥은 시장 독점을 위해 태블릿을 병원에 무료

▲ 굿닥의 태블릿 접수 시스템

로 제공했으며 이 때문에 그간 영업이익이 지속 적자를 기록했던 것이다. 본 태블릿는 무료임과 동시에 의료 현장에서 업무 과중을 덜어주기에 다수의 중소형 병·의원에서 이용될 것으로 보인다. 시장 독점을 위한 초석인 것이다.

굿닥에 따르면 2022년 1월 기준 굿닥의 국내 비대면 접수 태블릿을 도입한 병원은 4천 곳을 넘었다. 현재 환자들은 병원에 들를 때마다 굿닥의 로고를 마주하게 되며 굿닥이란 브랜드의 인지도는 타 브랜드의 압도적인 격차를 벌릴 것이다. 현재 굿닥의 누적 다운로드 수는 750만, 월간 순 방문자 수는 200만 명으로 헬스케어 앱 중 단연코 1위다. 그래서 본격적으로 비대면 진료 시장 개방될 경우 가장 수혜를 볼 업체가 바로 굿닥이다. 굿닥은 앱을 통해 발생하는 수백만 건의 비대면 진료에서 수수료를 수취하기 시작할 때 영업이익은 지금과 비교가 되지 않게 폭증할 것이다.

조사기관 스태티스타(Statista)에 따르면 글로벌 디지털 헬스케어 시장의 규모는 2025년까지 약 700조 원 이상 성장할 것으로 전망했으며, 최근 카카오가 '카카오헬스케어'라는 독립 법인을 설립해 이 영역으로의 진출을 공식화했다. 그 과정에서 블록체인 기반 의료 데이터 스타트업 '휴먼스케이프'의 경영권을 인수했는데 케어랩스는 휴먼스케이프의 지분을 약 7% 보유한 주요 주주다. 이 사례처럼 케어랩스의 현 시가총액이 2천억 원이 되지 않는 점을 미뤄 IT 대기업의 헬스케어 사업 진출에 발맞춰 케어랩스의 피인수 모멘텀도 부각될 전망이다.

현재 케어랩스는 휴먼스케이프와 함께 건강 데이터를 기반으로 한 신사업을 공동 추진하고 있다. 휴먼스케이프가 카카오의 산하로 들어간 만큼 카카오와의 유대 관계는 깊어질 것으로 전망된다. 또한 케어랩스가 가진 원격 의료 관련 역량은 중견 제약사의 입장에서도 매력적으로 여겨져 추후 지분 투자 가능성이 농후하다.

바비톡은 성형에 관한 정보와 후기들을 교류하는 국내 최대 커뮤니티다. 3월 20일 모바일 인덱스에 따르면 바비톡과 강남언니가 미용의료 정보 플랫폼 시장을 놓고 경쟁하고 있는 가운데 바비톡이 월간활성이용자수(MAU), 앱 점유율, 총 사용시간, 회원 수 등 주요 항목에서 1위 자리를 차지했다. 2020년 12월 누적 다운로드 수 400만 건을 기록한 바비톡은 빠른 성장세로 약 16개월 만에 500만 건을 넘어섰다.

글로벌 모바일 마케팅 애널리틱스 플랫폼인 애드저스트에 따르면, 바비톡의 2022년 4월 월간 활성 사용자 수(MAU)는 국내 이용자 기준 44만 명에 달했다. 국내 미용의료 앱 중 단연 최고 수준이다. 실제 성형 후기도 52만 건 이상 누적되었다. 바비톡에는 현재 서울 강남부터 부산 서면까지 전국 1,067개 성형외과 및 피부과, 클리닉이 입점해 있다.

바비톡은 성형시술 및 수술 관련 질문을 전문의가 직접 답해주는 '1분 닥터', 성형 이면과 부작용 사례를 공유하며 좀 더 신중하게 성형 여부를 결정할 수 있도록 도와주는 '부작용톡', 기존에 병원 단위로 작성, 유통되던 관련 정보들을 의사 단위로 바꿔 제공하는 '의사 찾기', 브로커(어뷰저)의 활동 패턴을 분석해서 차단 및 제재하는 '패스(PASS) 인증제도', 수술실 CCTV를 설치한 병원을 대상으로 진행하는 '대리수술안심존' 등을 통해 이용자 신뢰를 높이고 있다. 특히 24시간 지속되는 브로커 모니터링 덕분에 바비톡 내 어뷰징(부정 이용) 활동은 도입 전 대비 99% 이상 감소한 것으로 전해졌다. 이 외에도 바비톡은 커뮤니티를 투명하게 운영하기 위해 '클린 리뷰 캠페인', '광고성 후기 자체 필터링' 등의 자체적 노력을 기하고 있다.

수익 구조는 직관적으로 이용자가 앱에서 성형 리뷰를 보다가 '상담하기' 버튼을 누른 뒤 기재한 이름, 성별, 전화번호 등의 데이터베이스가 성형외과로 넘어가면 매출이 인식된다. 병원마다 차이가 있지만 건당 2만 8천 원의 수익이 발생한다. 이 수수료는 환자의 실제 수술 여부와 무관하다. 2019년 통계청 자료와 개인적 추정에 따르면 국내 미용 시술 시장의 규모는 약 7조 원으로 예측된다. 플랫폼 수수료를 통해 7조 원의 1% 수준인 700억 원의 매출액만 만들어낼 수 있어도 바비톡의 가치는 기하급수적으로 성장할 것이다.

이에 더해 바비톡은 연내 태국 진출을 공식화했다. 해외 진출에 있어서는 강남언니가 바비톡을 앞서고 있고 이를 따라잡기 위한 전략을 수립한 것이다.

바비톡의 경쟁 앱 강남언니의 경우 2019년을 기점으로 일본, 중국 등 본격 해외 공략에 나서 유의미한 성과를 거두고 있다. 2019년 11월 출시한 강남언니의 다국어 버전 서비스는 출시 3개월 만에 일본 현지 1위 미용의료 서비스의 월 상담 신청 수를 넘어섰다. 이후 강남언니는 일본에 직진출해

500여 곳의 피부과, 성형외과 등 일본 병원에서 제공하는 의료 정보, 실제 사용자의 후기를 확인할 수 있게 해서 사용자 수 30만을 돌파했다. 이후 일본 현지 2위 미용의료 서비스 '루쿠모'를 인수해 본격적으로 현지 공략에 나섰다.

헬스케어 산업 전반에 관련해서 국내 사업자들의 경쟁력은 높다고 볼 수 없지만, 성형 의료 서비스에 한해 한국의 경쟁력은 가히 세계 최고 수준이다. 원격진료 서비스의 경우 이미 해외 시장에 자리 잡은 사업자가 있지만 성형 정보 공유의 경우 비즈니스 자체가 해외에서 생성되지 않은 상황이기에 사업 성장 가능성은 무궁무진하다고 볼 수 있다.

강남언니의 해외 선전에 자극을 받은 바비톡은 2022년 태국을 해외 거점 지역으로 삼고 본격적으로 해외 공략에 나설 예정이다. 태국은 동남아시아 중 성형 시장이 가장 발달한 나라이지만 강남언니의 입김이 미치지 않았으며 동시에 성장 여력이 높은 지역 중 하나다. 바비톡은 태국을 시작으로 베트남, 싱가포르, 말레이시아, 인도네시아 등으로 사업을 확장할 계획이다. 해외 진출이 바로 독립 법인 바비톡의 상단인 것이다.

케어랩스의 앞으로의 가치는 굿닥과 바비톡에 달려 있다고 보아도 무방하다. 바비톡의 경쟁사 강남언니를 운영하는 힐링페이퍼는 2020년 중소벤처기업부로부터 예비 유니콘(1조 원 이상의 기업 가치를 지닌 기업)으로 선정되었다. 물론 힐링페이퍼와 바비톡이 유니콘으로 가기까지의 과정은 쉽지 않겠지만, 그럴 가능성이 있다는 것이 중요하다. 그러나 2022년 9월 28일 기준 케어랩스의 시가총액은 1,408억 원에 불과하다. 심각한 가치 비대칭인 것이다. 케어랩스는 디지털 마케팅 부문을 통해 지속적으로 영업 흑자를 거두고 있기에 안정성 또한 갖추고 있다. 케어랩스는 그야말로 아래로 닫히고 위가 열린 주식에 적합하다고 판단된다.

투자 포인트

굿닥과 바비톡의 향방에 주목하자.

2. FSN

2021년 방송통신광고비 조사 보고서에 따르면 2021년

FSN 재무 정보

(단위: 억 원)

주요 재무 정보	2019.12	2020.12	2021.12
매출액	1,454	1,635	2,118
영업이익	77	43	102
당기순이익	86	8	48

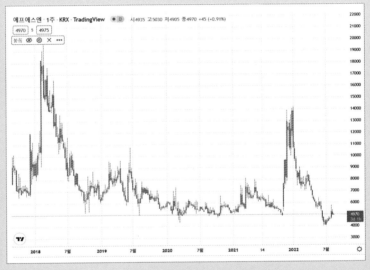

▲ FSN 주가차트

FSN은 아시아 디지털 마케팅 리딩 에이전시 기업이다.

국내 전체 광고비는 약 16조 5천억 원으로 그중 56%인 9조 3천억 원이 온라인 광고비다. FSN은 디지털 마케팅에 주력하고 있으며, 독립 대행사 가운데 광고 취급액 국내 1위를 기록하고 있다. 동사는 광고 기획부터 집행 및 관리까지 총괄적으로 솔루션을 제공하고 있으며, 특히 기획력에 있어 강점을 보이고 있다. FSN은 이 디지털 마케팅과 관련해 애드쿠아를 주축으로 이모션, 아이디디, 인버즈, 마더브레인, NMG, 레코벨 총 7개의 자회사를 통해 서비스를 운영 중이다. 각 자회사가 고유의 특색을 보유하고 있어 안정적으로 광고 물량을 소화할 수 있다는 장점이 있다.

'애드테크'란 광고(Advertising)와 기술(Tech)의 합성어로 디지털, 모바일, 빅데이터 등 IT 기술을 적용한 광고를 의미한다. 효과적인 타깃 선정을 위해 빅데이터를 활용해 목표 소비자를 선별하고 최적의 메시지를 연결해 고객의 니즈에 적합한 광고를 제공할 수 있는 기술을 말한다. 애드테크와 관련 당사는 빅데이터 분석에 기반한 국내 최초 모바일 광고 플랫폼 '카울리'를 운영하고 있다. 카울리는 모바일 1만 2천 개 이상의 매체에 클라이언트의 광고를 노출시켜주고 이에 대한 성과 분석 및 최적화 솔루션을 제공하고 있다.

그리고 FSN은 커머스 사업 부문을 통해 그간 모바일 광고 시장에서 축적된 역량을 십분 활용해 직접 상품 제작 및 판매

FSN 사업 부문별 매출

사업 부문		매출 유형	매출액	(비율)
제7기	마케팅	종합광고대행	52,102	24.60
	테크	광고 플랫폼 운영 등	62,653	29.58
	커머스	D2C 커머스(링티, 디닥넥 등)	47,846	22.59
	글로벌	해외 사업	55,123	26.02
	연결조정	-	-5,893	-2.78
		소계	211,831	100.00
제6기	마케팅	종합광고대행	45,335	27.73
	테크	광고 플랫폼 운영 등	49,040	30.00
	커머스	D2C 커머스(링티, 디닥넥 등)	17,426	10.66
	글로벌	해외 사업	56,328	34.46
	연결조정	-	-4,660	-2.85
		소계	163,469	100.00

출처: FSN 2021 사업보고서

에 나섰다. 2019년 '부스터즈'를 설립해 중소 브랜드를 자사 마케팅을 통해 띄우고 관련 수익 모델을 분배받는 비즈니스 모델을 구축했다. 이 사업은 우수한 제품력과 높은 성장 가능성을 가졌지만 마케팅이나 커뮤니케이션 역량 및 재원이 부족한 제조사들과 파트너십을 맺고 세일즈 증대에 필요한 광고를 비롯해 마케팅 전 영역을 전폭적으로 지원하는 사업이다. 별도의 광고 대행 수수료는 받지 않고 부스터즈와의 협업으로 증대된 매출 이익을 공유하는 윈윈(Win-Win) 방식이 특징이다. 이 부스터즈를 통해 '링티', '디닥넥', '서울시스터즈의 김치시즈닝' 등의 프로젝트를 성공적으로 수행해냈다.

그러나 이 자회사는 2022년 4월 '닥터나우'에 인수당했기에 현재 커머스 부문을 이끌고 있는 것은 '플랜비 바이오'와 '링티'다. 이들은 모두 연결대상 종속회사로 이들의 실적은 모두 FSN의 실적에 반영된다.

링티는 마시는 링거액이라는 콘셉트로 판매되는 수분보충 음료로 2021년 한 해 매출은 400억 원에 육박해 현재도 고성장 중이다. 링티는 2022년 초 미국에 법인을 설립하고 해외시장 개척에 도전한다. 링티는 현재 분말 식품, 유산균, 카페인, 음료 등을 갖고 있는데 관절, 뼈 건강 등에 도움을 줄 수 있는 식품을 개발 중이다.

이는 링티의 자회사 링티수분과학연구소를 통해 이루어지

는데 FSN은 이 법인의 지분 100%를 보유하고 있다. 건강기능식품은 대표적 고마진 사업으로 프롬바이오, 콜마비앤에이치 등 건기식 기업들이 증시에 상장되어 있는 걸로 봐서 품목 확장과 매출 700억 원 돌파를 성공적으로 마친다면 2년 이내 증시 상장도 기대해볼 만하다. FSN은 링티의 지분 40%를 보유하고 있기에 이를 통한 가치 재평가가 기대된다.

또한 플랜비 바이오는 탈모 관련 제품을 만들고 있으며 'DHT-X'라는 탈모 방지 샴푸를 출시한 바 있지만 아직 운영 초기 단계인 만큼 뚜렷한 성과를 나타내진 못하고 있다.

언급한 FSN의 마케팅 및 커머스 사업 부문이 FSN 주가의 하단을 담당한다고 볼 수 있다. FSN의 상단은 앞서 언급한 바와 같이 FSN이 가진 지분에서 창출된다.

먼저 첫 번째로 살펴볼 것은 FSN이 지분 40.4% 보유한 'CLEVER GRUOP CORPORATION'이다. 베트남 호치민 거래소에 상장된 클레버 그룹은 2019년, 2020년, 2021년 매출 201억 원, 251억 원, 325억 원에 당기순이익 23억 원, 22억 원, 21억 원을 거둔 건실한 베트남의 광고 마케팅 회사다. 이 회사는 FSN의 비즈니스 모델과 동일하게 디지털 광고 대행 사업을 영위한다. 클레버 그룹은 현재 디지털 마케팅 부문 베트남 1위를 차지하고 있으며 FSN의 디지털 마케팅 역량을 이식한다면 동종업계 타 기업에 비해 압도적 격차를 벌릴 수 있을 것이라 예상한다.

클레버 그룹의 시가총액은 9월 28일 기준 한화 501억 원이며 베트남은 현재 디지털 마케팅 시장의 개화기에 위치한 만큼 추후 1천억 원까지 성장하리라 예상된다. FSN의 전략 방향성과 같이 클레버 그룹은 다수 자회사를 보유하고 있으며 이들 자회사의 지분율은 모두 70%를 넘어서기에 자회사의 성장에 따른 수혜가 기대된다고 할 수 있다.

현시점에서 FSN이 보유한 지분 가치는 시가총액을 기준으로 200억 원에 불과하지만 향후 빠른 속도의 가치 증대가 기대된다. 또한 클레버 그룹은 FSN이 최대주주이기에 연결 실적 자회사로 편입되어 최소 연 20억 원의 영업이익을 꾸준히 가져다줄 것으로 전망된다. 특히 FSN이 클레버 그룹을 통해 현지 네트워크를 구축함에 따라 동남아 진출을 모색하고 있는 신세계면세점, 한국관광공사, 쌤소나이트, 니베아, 라인태국, 틱톡 등의 클라이언트가 FSN에게 광고를 위탁한 상태다. 국내 기업의 동남아 진출 마케팅에 있어 FSN은 독보적 위치를 점유할 것이다.

그리고 클레버 그룹의 지분투자는 FSN의 해외 사업 법인 FSN ASIA를 통해 집행되었는데, 연내 FSN ASIA 또한 싱가포르 증시에 상장할 예정이다. 특히 싱가포르에 상장한 이유는 이 나라가 블록체인 및 암호화폐 사업에 있어 아시아 거점

MZ세대들이 가장 선호하는 메이크어스,

FSN ASIA의 자회사인 식스네트워크는

FSN의 지분 가치를 높일 것이다.

으로 꼽히기 때문이다.

FSN ASIA는 NFT 사업을 활발히 추진 중이며 자회사 식스네트워크를 통해 암호화폐 '식스(SIX)'를 론칭해 빗썸에 상장시켰다. 이 암호화폐는 철저히 NFT 프로젝트에 특화되어 있으며 이를 통해 FSN은 티아라 컴백 기념 NFT를 성공적으로 발행했다. 또한 동사는 태국 블록체인 기반 스마트 디지털 보험 시스템 개발에 참여하는 등 규제가 자유로운 동남아 지역 블록체인 생태계 확장에 주력하고 있다.

식스네트워크는 2018년 태국의 3대 상업은행인 크룽스리은행(Krungsri Bank)과 디지털 자산화 관련 금융상품을 출시, 블록체인 업계 최초로 제도권 금융기관과 암호화폐를 매개로한 디지털 콘텐츠의 자산 가치 상용화에 성공해 그 기술력을 인정받았다. 블록체인 기술과 관련해서 정량적인 가치 판단이 어렵다는 단점이 있으나, FSN ASIA는 명실상부 동남아 지역 디지털 마케팅 리딩 에이전시이며 해마다 500억 원이 넘는 매출액을 벌어들이고 있다. 본업을 통해서 보았을 때도 최소 1천억 원의 밸류에이션이 타당하다고 판단되며 FSN의 자회사 지분 80%의 가치는 800억 원이 넘는다고 볼 수 있다.

마지막으로 FSN은 유튜브 '딩고(Dingo)' 브랜드를 운영하는 메이크어스의 최대주주다. 딩고, 딩고 뮤직, 딩고 프리스타일 등 1,200만 구독자를 보유한 딩고는 유튜브와 SNS 등 모바일 환경에 최적화된 콘텐츠를 통해 MZ세대의 문화, 라이프스타일 트렌드를 선도하는 디지털 미디어다. 딩고의 누적 조회수는 40억을 넘어서 MZ세대들이 가장 선호하는 유튜브 채널로 손꼽힌다.

메이크어스에는 SKT와 네이버가 각각 100억 원, 30억 원을 투자했으며 이미 2019년 상장을 추진한 바 있다. 메이크어스의 2020년 매출액은 88억 원, 당기순이익은 12억 원을 기록했다. 현재 지배구조 개선 작업을 추진하는 것으로 유추해보았을 때 2023년도 상장 가능성이 높으며 특례 상장을 택할 것으로 보인다. 2022년 1분기 기준 FSN의 메이크어스 지분율은 25.48%다.

3개년 연속 적자를 보이고 있는 팬덤 플랫폼 기업 '디어유'의 시가총액이 9월 28일 기준 6,257억 원에 형성된 점, 유사비즈니스 모델을 가진 MCN 기업 '트레져헌터'가 5개년 연속적자를 기록했음에도 2022년 상반기 기술특례 상장 추진 당시 기업 가치를 1,500억 원으로 추산했다는 점을 미뤄 상대적 채널 매력도가 높은 메이크어스의 기업 가치는 1,600억 원 수준으로 추정된다. 따라서 FSN의 보유 지분 가치는 408억 원이다.

정리해서 FSN의 디지털 마케팅 부문과 애드테크 사업의 본업 경쟁력이 안정적으로 유지되고 있고, 이들 사업 또한 국내 포화 시장에서 벗어나 동남아 지역으로 확장되면서 지속 성장할 것으로 보인다. 또한 자회사들의 지분 가치는 현재 FSN의 시가총액을 충분히 상회한다고 판단된다.

동남아 모바일 커머스 시장은 연평균 20% 이상 고속 성장 중이기에 이들 지역에 독보적인 지위를 점하고 있는 FSN의 가치는 가파르게 올라갈 것으로 판단된다. 마케팅 및 운영 비용 급증으로 재무제표의 변동성이 심하다는 점이 디메리트 요인이나 이는 동사의 성장성으로 충분하게 커버할 수 있을 것으로 전망된다.

투자 포인트

메이크어스의 상장과
FSN ASIA의 싱가포르 상장을 통한
지분 가치의 재평가가 기대된다.

핵심 성장주를 찾아서
미용 기기

고마진 상품과 소모품의 콤비네이션

피부과에 가면 꼭 볼 수 있는 주름 개선 레이저 기기 '슈링크'를 생산하는 국내 기업은 바로 클래시스다. 2017년 9월 22일 클래시스의 주가는 2,610원에 불과했으나 2021년 8월 20일 27,200원이 되었다. 텐배거가 된 것이다. 2022년 9월 28일 기준 클래시스의 시가총액은 8,972억 원이며 2021년 영업이익은 517억 원에 달한다.

그러나 미용기기 기업의 진가는 영업이익률에서 나온다.

클래시스의 영업이익률이 무려 51.41%다. 이토록 압도적인 영업이익률은 오로지 미용기기 산업에서만 발생된다. 미용기기 한 대당 가격은 기본 4천만 원에 육박하며 기본적으로 R&D를 통한 축적된 기술력을 기반으로 생산하기에 제작 비용은 상대적으로 적게 들기 때문이다.

해당 기업들이 새로운 버전의 제품을 개발하기까지는 기본 2~3년의 시간이 소요된다. 이후 기기의 판매는 출시 해당 연도에 집중적으로 이루어지지만 그 기기에 맞는 소모품의 경우 시간이 지나도 지속적으로 구매가 이루어진다. 이어서 나올 클래시스 재무 정보를 통해 볼 수 있듯, 기업들은 소모품 매출을 통해 한시적 효과를 극복하고 안정감 있는 영업이익을 창출하고 있다. 클래시스의 2021년 매출 가운데 소모품 매출의 비중은 45.1%에 달한다.

클래시스의 레이저 기기는 이미 피부과의 필수 장비로 굳건히 자리매김했기에 이들 병·의원이 지속적으로 기기에 소모되는 카트리지를 구입하고 있다. 고무적인 사실은 피부과 진료가 점진적으로 대중화되고 있어 기기 매출도 계속해서 성장하고 있다는 점이다.

3040 여성들의 소비 여력 증가로 인해 큰 수혜를 받는 산업 중 하나가 바로 미용기기 산업이다. 이미 지속적으로 팽창해온 화장품 산업에 비해 미용기기 산업은 성장 여백이 확연

히 넓다고 할 수 있다. 그렇다면 우리는 미용기기 산업에서 무엇을 주목해야 할지 한번 살펴보자.

리딩 업체 클래시스

미용기기의 주요 고객층은 수도권 피부과 및 성형외과 병원으로 특히 강남권의 병원의 경우 치열한 마케팅 각축전을 펼치고 있다. 이들은 시술의 경쟁력을 증명하기 힘드니 이들은 최신 기기를 사용하는 것을 주요 마케팅 문구로 쓰고 있다. 그래서 각 병·의원들은 클래시스, 하이로닉 등의 업체가 신제품을 출시하는 즉시 자신들의 병원에 이를 도입하고 집중 홍보하는 패턴을 보인다. 국내 성형외과의 의술이 세계 최고 수준인 것처럼 국내 미용기기의 경쟁력 또한 이에 발맞춰 상승해 가히 세계 최고 수준에 이르고 있다.

2020년 8월에 발간된 리포트링커(Report Linker)의 '메디컬 에스테틱 시장(Medical Aesthetics Market)' 자료에 따르면 미용 의료기기 수요가 증가해 미용 의료기기 세계 시장은 연평

클래시스 주요 재무 정보

(단위: 억 원)

주요 재무 정보	2019.12	2020.12	2021.12
매출액	811	765	1,006
영업이익	417	406	517
당기순이익	334	382	438

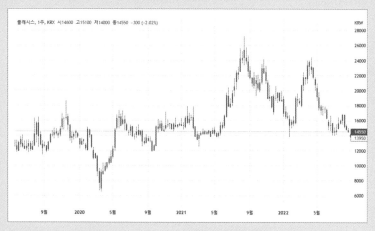

▲ 클래시스 주가차트

미용기기 리딩 업체 클래시스의 성장 여력은 무궁무진하다.

균 12% 이상 상승해 2025년 약 290조 원 규모로 성장할 것으로 내다봤다. 국내 리딩 업체인 클래시스의 매출이 1천억 원에 불과하니 성장 여력이 무궁무진하다고 할 수 있다.

2021년 동사의 매출 1,006억 원 가운데 수출 비중은 702억 원으로 70%에 달한다. 그러나 클래시스는 이미 글로벌 기업에 반열에 접어들었기에 영업레버리지 효과가 앞서 설명할 하이로닉에 비해 크지 않다고 볼 수 있다.

위드 코로나가 본격적으로 시작되고 국가 소비 여력이 올라가면서 고가 화장품 라인 다음으로 소비가 몰리는 곳이 바로 미용기기다. 아모레퍼시픽은 자사의 고가 제품라인의 중국 매출이 급증하며 2014년 대비 주가가 5배 가까이 상승했다. 그리고 미용에 대한 관심이 증가함에 따라 한국콜마와 코스맥스 등 화장품 관련 밸류 체인에 속한 기업들이 주목받기 시작했다. 그러나 미용기기 업체들은 단 한 번도 시장의 주도 산업으로 부각된 적이 없지만 가능성은 충분하고, 시기적으로도 멀지 않았다고 판단된다.

2021년 아모레퍼시픽의 영업이익률은 7%, 클래시스의 영업이익률은 51%였다. 화장품 다음 테마는 미용기기다. 업계 리더 클래시스에 주목할 필요가 있다.

핵심 성장주 1개 종목

1. 하이로닉

하이로닉은 '더블로'라는 브랜드의 리프팅 미용기기를 전문적으로 제작하는 회사다. 홈페이지 화면에 개시된 이들의 비전은 '2025년 시가총액 1조 원 달성'으로 간단하고 명쾌하다. 하이로닉은 최근 3년간 연평균 30억 원의 영업이익을 벌어들이고 있으며 영업이익률은 레버리지 효과를 제대로 누리지 못해 20% 수준에 머물러 있다.

하이로닉의 주요 제품군은 고강도집속초음파(HIFU: High Intensity Focused Ultrasond)의 원리를 적용한 제품이다. '집속초음파'란 돋보기를 이용해 빛을 모아 열에너지를 발생시키는 것과 같이 초음파를 집중시킴으로서 열에너지를 발생시키고 이를 통해 피부 내 특정 지점에 열에너지를 가함으로써 리프팅의 효과를 얻는 것을 말한다.

하이로닉의 대표 상품 더블로 시리즈는 집적된 초음파 에너지를 이용해 피부 표면 아래 1.5~4.5mm 깊이까지 열에너

하이로닉 재무 정보

(단위: 억 원)

주요 재무 정보	2019.12	2020.12	2021.12
매출액	155	130	218
영업이익	22	12	46
당기순이익	30	32	68

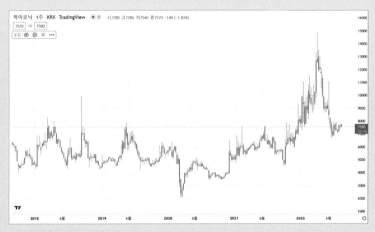

▲ 하이로닉 주가차트

하이로닉은 '브이로'의 선전이 돋보이는 기업이다.

▲ 하이로닉 홈페이지

지를 전달해 절개하지 않고 리프팅을 할 수 있는 장비다. 더블로 시리즈는 더블로 S, 더블로 골드로 기기를 리뉴얼해 영업을 전개해오고 있다. 가장 최근작인 더블로 골드는 기존 제품 대비 속도와 편의성을 업그레이드했는데 가장 대표적으로 업그레이드된 기능은 연사(Auto Shot) 기능이다. 이는 샷이 중단되지 않고 지속적으로 나갈 수 있게 해서 기존의 더블로에 비해 300샷을 기준으로 시술 속도가 17분대에서 8분대로 줄어들었다.

또한 더블로와 더블로 S 제품은 2015년에 CE MDD(Medical

Devices Directive) 인증을 이미 받았으며, 더블로 골드 제품은 2017년 12월에 CE MDD 인증을 받았고, 2018년 6월에는 중국 CQC(China Quality Certification, 중국 품질 보증) 인증을 받았다. CE MDD는 EU 시장 진출에 반드시 취득해야 하는 필수 인증이며, CQC란 중국 내에서 생산 및 유통 수입되는 모든 제품과 부품에 대해 반드시 IEC(국제전기표준협회) 및 중국 국가 표준에 준해 안전 및 품질 인증을 받도록 하는 강제·자율 인증제도다. 동사가 이와 같은 인증을 받았다는 것은 동사 제품의 품질 및 안전성이 국제적 수준으로 인정받고 있다는 것이라 할 수 있다.

이 외에도 하이로닉은 종속회사인 '아띠베뷰티'를 통해 동사의 기존 제품인 전문가용 미용 의료기기를 일반인들도 사용할 수 있도록 소형화 및 개인용으로 개발해 개인용 미용 의료기기 사업에 진출했다. 아띠베뷰티는 가정용 미용 의료기기 시장에서 동사의 강점인 HIFU 기술을 활용한 홈쎄라(구 울트라리프) 이노리프 외 블루 LED를 이용해 여드름 치료 장비인 아크제로(개인용 의료기기 식약처 허가), 플라즈마 기술과 갈바닉을 이용한 플라닉 등 신규 제품을 꾸준히 출시하며 에스테틱숍과 개인 소비자를 대상으로 국내외로 판매하고 있다. 아띠베뷰티는 인터넷 외에도 홈쇼핑, 대리점 등 다양한 채널을 통해 판매되고 있다.

하이로닉의 주가 상승을 견인할 모멘텀은 다름 아닌 2021년 말 출시된 '브이로'다. 5년의 연구 기간을 거쳤고, 기존의 더블로 브랜드를 계승하지 않은 것에서 유추할 수 있듯 브이로는 HIFU(고강도집속초음파)와 RF(고주파) 시술을 하나의 핸드피스로 시술할 수 있는 국내 유일의 제품이다. 업계 최초임과 동시에 특허 등록도 이미 마친 상태다. 시술 시 RF-HIFU-RF-HIFU 식으로 교차해 시술하기에 하이로닉 장비가 시술 효율성이 더 높고 더 많이 받을 수 있다. 인증은 승인 대기 중으로 해외 매출이 아직 발생하지 않은 상태이기에 주가의 지붕은 활짝 열린 상태라고 볼 수 있다.

중요한 것은 상품의 경쟁력이다. 제품의 스펙을 나열하는 것보다 의미 있는 것은 이미 2021년 11월, 12월에만 브이로가 100대 이상 팔렸다는 사실이다. 브이로 1대당 가격은 약 4천만 원으로 두 달 만에 40억 원의 매출을 발생시킨 것이다. 실제로 2020년 4분기 매출은 38억 원에서 2021년 75억 원으로 재무제표상에 구체적으로 기재되어 있다. 영업이익 또한 10억 원에서 21억 원으로 늘었다. 그리고 브이로의 매출 개선은 2022년부터가 시작이라는 것 또한 눈여겨봐야 한다.

전국에는 약 1,500여 개의 피부과가 존재하고 그중 서울에 600개, 강남구에 190개가 있다고 추정된다. 브이로는 피부과 당 1개 장비 구매 기준으로 했을 때 약 두 달 만에 약 17%

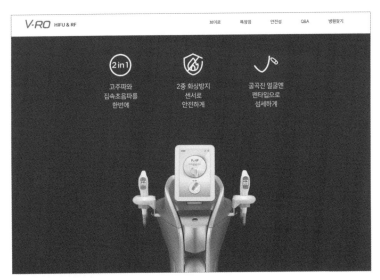

▲ 브이로 제품의 모습

브이로 출시 이후 매출과 영업이익이 크게 개선되었다.

의 시장을 잠식한 것이다. 클래시스가 1조 원에 달하는 거대 기업이 될 수 있었던 데는 높은 해외 매출 비중도 한몫했지만 클래시스의 슈링크 시리즈가 피부과의 필수 장비로 인지되고 이에 따라 지속적으로 카트리지 등 소모품 매출이 발생하면 서부터였다.

슈링크는 기존 더블로 시리즈와 카테고리 군이 겹쳤던 HIFU 제품으로 양 사는 출혈 경쟁을 하고 있었으나, 브이로 제품은 HIFU에 RF 기술을 덧붙여 판매한 아예 새로운 형식의 제품으로 고급 피부과의 필수 장비가 될 가능성이 크다.

네이버 '브이로' 검색량 추이

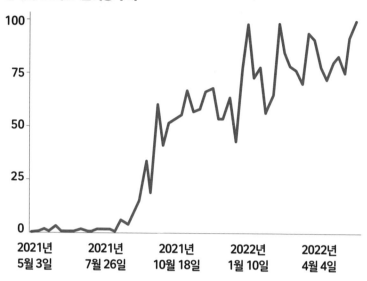

2021년 5월 3일	2021년 7월 26일	2021년 10월 18일	2022년 1월 10일	2022년 4월 4일

이미 특허를 통해 해당 기술의 카피는 봉쇄해놓은 상태다. 2022년 1월 출시된 슈링크 유니버스가 한 달간 200여 개가량 판매되었다는 것을 보았을 때 하이로닉의 두 달간 100개는 놀라운 수준이다.

반면 양 사의 시가총액은 10배가량 차이가 난다. 브이로의 본격적 매출 반영은 2022년부터가 시작이며 해외 영업 강화를 위한 인력을 지속 충원 중이다. 하이로닉의 임원진은 브이로가 매출 및 이익 성장의 신호탄으로 제2의 회사 도약을 위한 발판이 될 것이라 확신한다며 언론에 포부를 밝혔다.

현재 브이로 공식 홈페이지에 등재된 병원만 약 100여 개에 달하며 출시 반년이 되지 않은 것을 가정하면 이례적인 높은 시장 침투율에 속한다.

브이로 관련 검색어 트래픽 또한 2022년을 기점으로 우상향하고 있으며 일반 소비자들의 머릿속에도 각인되고 있다. 브이로는 2022년 최소 200대가 추가로 판매될 것으로 예상된다. 이를 통한 장비 매출은 80억 원이며 2021년 한 해 매출의 절반이 넘는 수치에 해당한다. 게다가 미용기기 업체의 주요 매출원은 장비가 아닌 소모품이다. 하이로닉의 2021년 소모품 매출 비중은 80%에 달한다. 브이로의 카트리지 가격은 약 200만 원으로 대략 월 3개, 연 36개의 카트리지가 소모된다. 가동 기기 300개 기준으로 잡고 예상 매출을 산정하면 216억(300×36×200만) 원이라는 금액이 나온다. 즉 하이로닉은 브이로 단일 품목으로만 약 296억 원의 추가 매출을 올릴 것으로 예측된다. 하이로닉의 2021년 한 해 매출인 218억 원을 훌쩍 넘기는 수치다.

2021년 브이로 장비 매출을 제한 178억 원의 기존 매출 수준에 브이로 관련 매출 296억 원을 더하면 474억 원이라는 매출 예상치가 나온다. 이에 영업이익률 20%로 가정하면 영업이익은 94억 원으로 2021년의 2배 수준에 해당한다. 동시에 브이로의 해외 매출이 본격적으로 인식되기 시작한다면

2019년 단숨에 3배 이상 상승했던 클래시스의 주가 상승 궤도를 따라갈 가능성이 농후하다. 브이로의 대중화로 인한 하이로닉의 주가 상승이 예측해본다.

투자 포인트

브이로의 대중화가 실현되면
주가 상승의 단초가 될 것이다.

PART 3

부의 기회는 인플레이션 너머에 있다

꼭 알아야 할
12개 핵심 성장주

다음 페이지 표는 앞서 언급한 종목들의 투자 포인트를 정리한 자료다. '현실' 칸은 2022년 안에 기대해볼 만한 모멘텀이며 '상상'은 현재 가시화되진 않았지만 충분히 일어날 수 있는 시나리오에 대해 간략히 서술했다.

이 열두 종목 모두는 소비자와 맞닿아 있어 해당 기업의 성장을 우리가 손쉽게 파악할 수 있다는 특징이 있다. 또한 이들 모두는 역동적으로 변화하는 산업 환경에서 유리한 사업 포트폴리오를 확보하고 있고, 이를 통해 영업 레버리지 효과를 톡톡히 누릴 전망이다.

분류			현실	미래 시나리오
드라마	1	래몽래인	《재벌집 막내아들》 운행(공동 투자)	100% 자체 제작 드라마 3편 이상 출시
	2	팬엔터테인먼트	《국민사형투표》 운행 (투자 비율 미정)	
	3	삼화네트웍스	《지금부터, 쇼타임!》, 《어게인 마이 라이프》 판권 수출 성공(자체 제작) + 《금수저》의 운행(공동 투자)	
	4	애니플러스	《가슴이 뛴다》의 운행(자체 제작)	위매드의 성장
	5	디앤씨미디어	《나 혼자만 레벨업》 영상화 + 픽코마 내 점유율 상승	카카오의 투자 확대
웹툰	6	키다리스튜디오	바이트댄스 공급 확대 + 레진 코믹스 트래픽 증가	바이트댄스의 투자 확대 + 드라마 제작 사업 본격 진출 혹은 관련사 인수
	7	미스터블루	미스터블루 콘텐츠 매출 증가	신규 게임 운행

패션	8	에스제이그룹	아웃웨어 매출 확대	헬렌카민스키 인수
	9	더네이쳐홀딩스	중국 매출 비중 확대	해외 브랜드 인수
플랫폼	10	케어랩스	바비톡의 태국 진출 성공	바비톡과 굿닥의 특례 상장
	11	FSN	플레이버 그룹과 FSN ASIA의 선전	메이크어스와 랭티의 상장
미용 기기	12	하이로닉	브이로의 매출 확대	해외 매출 확대

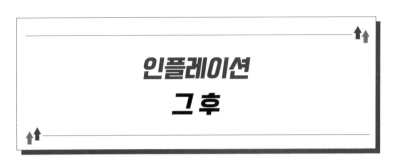

인플레이션
그후

금리 인상은 성장주의 무덤?

코로나19 이후 침체된 경기 회복을 위해 미 연준은 전례 없던 대규모 양적완화를 무려 세 차례나 시도했다. 이로 인해 현재 누적된 연준 자산은 무려 9조 달러에 달한다. 연준의 의도대로 미국의 경제는 다시금 재도약하는 데 성공했다. 그리고 마침내 흩뿌린 유동성을 당위적으로 거두어 들어야 할 때가 된 것이다.

2022년 5월 4일 연준은 FOMC를 마무리 지으며 연준의 자산 규모를 축소하기로 발표했고, 0.5% 금리 인상을 단행했다. 금리 인상 기조는 성장주의 무덤이라고 말을 한다. 역사적으로 금리 인상 국면에 성장주의 주가가 큰 폭으로 하락하는 경향을 보여왔기 때문이다.

그러나 코로나 시대 이후 투자자 집단 지성의 향상은 색다른 결과를 낳았다. 투자자들이 금리 인상이 본격적으로 시작되기 전 미리 성장주를 매도하기 시작한 것이다. 비관이 현실화되는 단계가 아닌 긴장감이 조성되는 단계에 미리 연준의 정책을 예측하고 움직임을 취하기 시작했다.

그리고 유동성 축소가 가시화될 조짐이 보이자 국내 증시 고성장주로 꼽히는 종목들은 경련을 일으키듯 주가를 반납해 버렸다. 2022년 6월 기준 국내 증시 중 고성장 산업으로 손꼽히는 다음 섹터의 2020년 고점 대비 PER 하락률은 다음과 같다.

- **헬스케어**　　　-50%
- **게임**　　　　-41%
- **미디어·콘텐츠**　-40%
- **인터넷**　　　-37%

2020년 성장주들은 상상을 거름 삼아 큰 폭으로 상승했지만 2022년 증시 하락과 함께 상상으로 인한 상승분을 모조리 반납해버렸다. 오로지 실적에 근거한 재평가가 이루어진 것이다.

거시경제의 악재 속에서도 국내 기업은 선방하고 있다. 국내 상장 기업의 2022년 1분기 확정 영업이익은 72조 원으로 전년 대비 약 11%나 증가했다. 유동성이 축소되는 와중에 국내 기업들의 실적은 호조를 보이고 있는 것이다. 호재와 악재가 상존해 증시가 불안할 때 투자자들은 더욱더 실적에 예민하게 반응해 투자를 집행하는 경향이 있다. 성장주가 상대적으로 많이 포진한 나스닥의 경우 전년 고점 대비 50% 이상 하락한 기업이 전체 상장기업의 40%가 넘었고, 이익을 내지 못하는 테크 기업은 전년 고점 대비 평균 71%나 급락했다.

옥석으로 가려질 고성장 실적주

그렇다면 앞서 이어질 본격적인 금리 인상 국면은 과연 성장주들의 무덤이 될 것인가라는 물음에 대해 나는 반은 맞고 반은 틀린다고 답하고 싶다. 현재 포지션 청산으로 인해 많은 유동성 자산들이 새로운 매수처를 찾고 있고, 이들은 가장 실적개선이 두드러지며 산업 성장률 또한 가파른 비교적 확실한 곳에 집중적으로 투자할 것이다. 이른바 '옥석 가리기'가 진행되는 것이다. 그래서 이들의 대안 투자처로 가장 유망한 곳이 바로 고성장 섹터 내의 실적주다. 그리고 책에 앞서 언급한 모든 기업은 이 '고성장 실적주'라고 자부한다.

2015~2018년 연준 기준 금리 인상 국면(0.25~2.25%)에서 S&P 500 중 가장 주가 수익률이 높았던 섹터는 오히려 테크 기업들이었다. 이들의 주가 수익률은 약 64%에 달한다. 그 이유는 고성장주라는 이름에 걸맞게 이들의 순이익이 실제로 빠른 속도로 상승했기 때문이다. 시장이 불안할수록 믿을 수 있는 것은 실적뿐이다.

반대로 이야기하면 상상에 기반한 벤처 투자와 적자를 내고 있는 플랫폼 기업, 신약 개발 업체의 수급은 악화될 것이다. 실제로 세계 벤처 투자 1, 2위인 타이거글로벌매니지먼트와 소프트뱅크가 2분기 들어 투자 규모를 삭감했다. 국내 벤처 투자는 2022년 5월 15개월 만에 최저 수준으로 쪼그라들었다. 현재 스타트업들은 너나 할 것 없이 자본 조달에 어려움을 겪고 있다. 그리고 이들의 수급은 실적이 뒷받침된 고성장주가 흡수해나갈 것이다.

2022년 주식시장의 경련으로 개인 투자자들의 반대 매매가 줄을 이었고, 많은 투자자가 현재 포지션을 청산했다. 그리고 그들은 높은 확률로 주식시장을 이탈하기보다 상대적으로 성장이 확실해 보이는 스몰캡 종목을 위주로 투자를 이어갈 것이다. 성장주의 눌림목이 지속되고 있는 지금 그렇게 낭중지추인 소수 종목들은 그렇게 기대 실적과의 균형을 맞추어 갈 것이다.

결국 필요한 건 인내하는 자세

트럼프 행정부의 부양책과 바이든 행정부는 결이 다르다. 바이든의 부양책은 인프라 투자에 초점을 두고 있는데, 이는 현금 지급성 부양책이 아닌 해당 분야의 일자리를 늘려주어 점진적으로 시장에 유동성을 공급하는 것을 목표로 한다. 재닛 옐런 미 재무부 장관은 바이든의 부양책은 매년 4천억 달러의 지출을 하게 되는 것이며 물가 상승의 영향에 제한적이라고 말했다.

기존까지만 해도 연준은 매파와 비둘기파로 자신의 정책 방향을 분명히 했지만 코로나19 이후 그들은 예측이 아닌 대응에 주력하며 자신의 태도를 유연하게 변화시키고 있다. 결론적으로 이 둘을 통해 말하고자 하는 것은 이전보다 경기 순환 사이클이 짧아지고 있다는 점이다.

시장의 유동성이 풍부한 시점에서는 테슬라와 같이 우리의 상상력을 자극하는 종목이 우세를 보이고, 유동성이 축소된 시점에서는 실제 실적이 호조를 보이고 있는 종목의 수급이 개선되는 경향이 있다. 그러나 우리가 앞서 살펴본 12개의 종목은 실적과 기대 모두를 충족하고 있다. 이들은 금리 인상 초입 현재는 창사 이래 최대 실적으로 시장의 주목을 받을 것이며 금리 인상 중단 시기에는 그에 발맞춰 그들이 가진 시나리오가 주목받게 될 것이다.

결국 필요한 것은 그들이 가진 시나리오가 주목받을 때까지 차분히 인내하는 자세다. 17세기 영국의 상인이자 금융 전문가 요셉 드 라 베가가 저술한 최초의 주식 책 『혼돈(Confusion of Confusions)』에는 불운을 두려워하지 않고 충격을 견디는 법을 아는 사람은 천둥에 혼비백산해 숨을 곳을 찾는 암사슴이 아니라 천둥에 포효하는 응답하는 사자를 닮았다고 말한다.

현재 성장주의 눌림목 구간이 심화될지 때 이르게 해소될지에 관해서 누구도 장담할 수 없는 상황이다. 그러나 실적이 뒷받침된 성장주의 경우 이미 한껏 압축된 상황이기에 갑작스러운 천둥이 닥쳐와도 자신을 지킬 수 있을 것이다. 그리고 경기 순환 사이클이 단축되고 시장의 변동성이 극심한 지금 상상은 머지않아 깨어날 것이다. 자신의 기다림에 대한 명분이 뚜렷한 투자자들은 이 시기를 차분하게 인내할 수 있을 것이다.

상황이 혼란할수록 투자자들은 자신의 심장과 가장 맞닿은 종목을 선택해야 한다. 그래야만 상상의 농익은 과실을 섭취할 수 있게 될 것이다.

종목 선정 전
기억해야 할 것

주가 상승의 단계

가치 투자의 고전들을 읽어보면 하나 같이 좋은 종목을 사서 마음을 비우고 기다리라고 강조한다. 그렇다면 좋은 종목이 란 과연 무엇일까.

사실 주식 시장을 조금만 훑어봐도 우수한 재무구조를 가 진 우량주들은 수십 개가 넘는다. 그렇기에 나는 좋은 종목이 란 단순히 우량한 기업이 아니라 기다려야 할 이유를 또렷이 제시해줄 수 있는 기업이라 생각한다. '이러이러한 이유로 기업은 성장할 것이다.'라고 명쾌하게 답할 수 있는 기업이 곧 좋은 종목이라는 것이다.

코스닥 가치주 종목이 세 배 이상 올라가는 원리는 일반적으로 다음과 같다. 첫 번째는 소수의 전문가와 투자 커뮤니티에서 활동하는 일반인 그리고 언론이 가설을 만드는 단계다. 이들은 내가 이 책을 통해 이야기한 것처럼 기업이 어떻게 성장할 것인지에 대한 견해를 주장한다. 사실 이 단계에서는 주가가 크게 움직이지 않는다. 그러나 이후 이러한 견해들이 일반 투자자들의 눈에 들어오지만, 이들은 반신반의하며 매수를 주저한다.

두 번째는 언론과 애널리스트들이 앞서 형성된 견해에 대한 주관적 증거를 제시하는 단계다. 이때 일반 투자자들은 시장에 형성되었던 가설을 다시금 상기하며 나름의 방법으로 정보를 수집하기 시작한다. 이때부터 주가는 조금씩 우상향하기 시작한다. 소수의 대중이 주식을 매집하기 때문이다. 그리고 투자자들은 미래에 대한 희망과 자신이 보유한 종목에 대한 확증 편향으로 말미암아 시장의 견해 위에 자기 생각을 덧대기 시작한다. 이를 통해 종목에 대한 전망은 한층 더 풍성해지고 단단해지고 일반 대중 투자자들에게까지 알려지기 시작한다.

세 번째는 실제 재무제표가 시장의 견해를 옳은 것으로 증명해주는 단계다. 분기 재무제표가 어닝 서프라이즈를 기록할 경우 언론사들은 해당 수치를 자체 기사를 통해 홍보해준다. 이때 주가는 단기간에 큰 폭으로 상승하게 된다. 그래서 주가의 대상승 시기에 뒤늦게 기업을 공부하면 그 시기를 놓치게 된다. 그렇기에 우리는 훌륭한 투자자로 성장하기 위해 앞서 대중의 욕망을 읽는 선구안을 길러야 하는 것이다.

좋은 종목의 조건

많은 투자자가 종목을 발굴하기 위해서 기업의 비즈니스 모델과 재무제표를 공부한다. 하지만 해당 산업으로까지 눈을 넓히지 못하는 경우가 대부분이다. 그리고 그들은 열악한 산업 환경에서 선방하고 있는 소년가장형 종목에 관심을 기울이기 쉽다.

그러나 내가 투자를 연구하면서 느낀 한 가지 분명한 사실은 산업 자체가 가진 에너지가 커야만 주가는 큰 폭으로 상승한다는 것이다. 산업 자체의 성장률이 높지 않으면 기업이 선방하더라도 주가는 소폭 상승에 그칠 가능성이 크다. 주가는 결국 관심을 먹고 자라나기에 그 과녁이 좁으면 좁을수록 상승의 가능성은 크지 않은 것이다. 그렇기에 우리는 종목 선정에 앞서 투자하고자 하는 산업 전체의 분위기를 조망해볼 필요가 있다. 또한 두 종목 사이에서 고민하고 있다면 산업의 성장 여력이 더 큰 쪽을 택하는 것을 추천한다.

국내 상장 기업 중 자산의 대부분을 부동산으로 보유하고 있는 '부동산 알짜주'가 더러 있다. 그러나 부동산 알짜주가 그 이유만으로 큰 폭으로 상승하는 것을 '경방'이라는 종목의 사례 외에는 본 적이 없다. 경방은 건실한 재무제표를 갖추고 있지만 주가는 2013년 한 차례의 대 상승 이후 8년째 제자리걸음이다. 그러니 또 하나의 '경방'을 발굴하겠다는 욕심을 내려놓고 산업의 성장성이 뚜렷한 종목을 택하는 것이 합리적이라 생각한다.

이런 이유로 우리는 해당 기업이 속한 산업의 성장 여백을 살펴야 한다. 반도체, 2차전지, IT 기업은 아직 성장 여백이 넓다고 판단한다. 반면 정유, 철강, 유통 기업은 성장의 여백이 좁다고 판단된다.

성장 여백이 넓은 산업 가운데 자신의 기호와 감성에 부합하는 산업군을 선택해 그 여백을 자신만의 견해로 채우는 과정에서 좋은 종목은 발굴된다. 현재와 같이 증시의 흐름이 좋지 않을 때야말로 공부하기 가장 좋은 시기임을 잊지 말자.

올바른 선택을 기대하며

우리는 인생을 살면서 하루에도 수많은 선택을 한다. 직장을 선택하는 것도, 주식을 매수하는 것도 결국 개인의 선택이다. 이 때문에 매 순간 합리적인 판단을 할 확률이 높은 사람은 자본주의라는 게임에서 결국 승리하게 된다. 고도화된 자본주의는 우리에게 수많은 선택지를 선물해주었다. 우리는 마음만 먹으면 바다 건너 미국과 영국의 주식을 쉽게 고르고, 원자재는 물론 다양한 금융 파생상품에도 투자할 수 있게 되었다. 이로 인해 올바른 판단의 중요성이 더욱 커지게 되었다.

상어는 다른 물고기와 달리 헤엄을 멈추면 죽는다. 상어에게는 부레가 없어 헤엄을 멈추면 바다 밑으로 끊임없이 가라

앉기 때문이다. 인간도 마찬가지다. 인간의 뇌는 몸체 대비 크기가 일반 포유류의 6배에 달하며 이런 크기를 유지하느라 전체 에너지의 20%를 사용해야 한다. 부레가 없어 잘 때도 헤엄을 치는 상어처럼, 우리는 거대한 뇌를 유지시키며 살아가야하기에 생각을 하지 않고는 살아갈 수 없다. 사고란 곧 생존의부산물인 것이다. 그래서 번식과 생존을 최대 과제로 삼으며본능에 맞춰 살아가는 다른 포유류와 달리 인간은 과도하게발달된 전두엽과 개별적 상황으로 말미암아 개인만의 독자적세계관을 갖게 된다. 그리고 그 세계관의 정교함이 곧 개인의삶의 질을 좌우한다.

세계관이 정교한 이들은 상식에 의문을 제기하며 자신만의기업을 이루거나 아무도 보지 못했던 투자 기회를 발굴해내큰돈을 벌어들인다. 반대로 정교한 의사결정 체계를 구축하지 못한 이들은 타인의 이득을 자신의 손실로 생각한다는 공통점을 보인다. 각자의 시간과 상황이 다르지만 그들은 멀찌감치 앞서나가는 이들을 보며 성급한 판단으로 그릇된 선택을 범하고 만다. 이후 찾아오는 거대한 상실감에 현재의 시간을 알차게 보내지 못하고 그저 의미 없게 태워버리다 그렇게 낡아간다.

자본주의라는 게임의 승자는 결국 자신이 가진 그릇을 최대한 활용해 자신이 가질 수 있는 최선의 부를 획득하는 것이다. 이를 위한 선택지는 크게 세 가지가 존재한다. 첫 번째는 생산수단에 종속되는 것이고, 두 번째는 생산수단을 만들어내는 것이고, 세 번째는 생산수단에 투자하는 것이다. 노동을 통해 기업이라는 생산수단이 만들어내는 가치의 일부를 내 것으로 가져오는 것이 첫 번째에 해당하며, 창업을 하는 것이 두 번째, 투자를 하는 것이 세 번째에 해당한다. 그리고 이 세 가지 포트폴리오를 적절히 분배해 삶의 업사이드를 늘리는 것에 부의 성장은 달려 있다.

다수의 사람은 투자에 실패한다. 자신만의 판단 체계를 고도화시킬 노력을 게을리하기 때문이다. 사람들은 투자를 통해 돈을 벌게 되면 그 순간을 기뻐하지 자신이 그 판단을 하게 된 과정에 대해 사색하지 않는다. 그리고 정립된 사고 없이 그저 감정과 감흥대로 투자를 이어간다.

투자를 한다는 것은 야구 타석에 들어서는 것과 유사하다. 때론 상대하기 까다로운 공이 올 수도 있지만 배트를 휘두르는 실력을 기르면 언젠가 안타를, 홈런을 치게 된다. 그러나 많은 사람은 그저 휘두를 뿐 자신의 자세를 교정하고 다듬을 생각을 하지 않는다. 그저 공의 궤적에 슬퍼하거나 기뻐할 뿐이다. 사각 캔들에 갇혀 자신의 사고를 퇴화시키는 것이다.

워런 버핏의 자산 중 80% 이상은 그의 나이 60대 중반 이후 발생한 것이다. 버핏이 만약 60대에 은퇴했다면 우리는 그의 이름을 지금처럼 기억하지 못했을 것이다. 그가 위대한 투자자가 된 비결은 투자를 집행하는 올바른 사고 체계를 정립하고 이를 바탕으로 75년간 꾸준히 투자한 데 있다. 버핏조차 때론 맞추기도 틀리기도 했지만 그는 맞추는 확률을 높이기 위한 노력을 게을리하지 않았다.

전두엽이 과도한 인간에게 있어 세상의 지평을 예상하고 자본으로 보상받는 행위는 마음에 상당한 만족감을 가져다준다. 인간의 마음에는 누구나 통찰의 욕구가 가득하기 때문이다. 그러나 자신만의 통찰 없이 타인을 따르는 투자는 우리에게서 그런 기쁨을 앗아간다.

이 책은 시장에 대한 나의 생각을 공유함으로서 글을 읽는 이들의 정교한 판단 체계 확립에 기여하고 투자의 기쁨을 전달하기 위해 쓰였다. 나의 생각이 맞을 수도 틀릴 수도 있겠으나 나 역시도 생애 전반 동안 생각의 타율을 높이기 위해 부단히 노력할 것이다. 그렇기에 책의 마지막을 그 노력의 중요성을 강조하면서 끝내고 싶다.

근거가 빈약한 보상은 언젠가 줄어들기 마련이다. 반면 근거가 단단한 보상은 해가 거듭할수록 누적된다. 그 근거를 기반으로 데이터를 쌓아가며 올바른 판단을 할 확률을 높여갈 수 있기 때문이다. 최근 국내에도 탄소배출권 거래시장이 열렸다. 또한 코넥스 투자의 최소 예탁금 제도도 폐지되었다. 이처럼 자본주의가 더욱 고도화될수록 우리가 선택할 수 있는 생산수단의 종류는 다양해져갈 것이다.

선택의 범주가 많아지면 판단의 알고리듬이 정교한 투자자들에게 더욱 시장은 유리해져갈 것이다. 그들은 방대한 선택지를 구석구석 뒤져가며 어떻게든 투자 기회를 발굴할 수 있기 때문이다. 반대로 게으른 투자자들은 이 방대함에 아득함을 느껴 자신의 사고를 갈고닦을 노력을 줄이게 될 것이다. 진입 장벽이 올라가게 되는 것이다. 이로써 투자 성공률의 양극화 현상은 해가 거듭될수록 더욱 심화될 것이라 보인다.

1637년 데카르트는 『방법서설(方法敍說, Discours de la méthode)』에서 말했다.

머리가 좋다고 해서 다가 아니다. 가장 중요한 것은 그걸 제대로 사용하는 것이다. 머리가 아주 좋으면 최고의 선뿐만 아니라 최고의 악을 실현할 수도 있다. 천천히 앞으로 나아가는 사람은 옳은 길로만 간다면, 너무 서두르다가 길을 잃는 사람보다 더 멀리 갈 수 있다.

이처럼 현재의 승률이 그다지 높지 못하더라도 이를 높이기 위한 노력을 생애 전반에 걸쳐 지속한다면 누구나 현재의 위치보다 더 높은 곳으로 도달할 수 있을 것이다. 출루율이 0%인 타자는 없기 때문이다. 중요한 것은 멈추지 않는 것이다. 자본주의라는 게임의 시간은 길게 이어진다. 앞으로 많은 시간이 남아 있다. 지금 글을 읽는 모두를 언젠가 추월의 길에서 뵐 수 있게 될 날이 오기를 기도해본다.

우리는 무엇을 사야 하는가

초판 1쇄 발행 2022년 10월 20일

지은이 김단
펴낸곳 원앤원북스
펴낸이 오운영
경영총괄 박종명
편집 최윤정 김형욱 이광민 양희준
디자인 윤지예 이영재
마케팅 문준영 이지은 박미애
등록번호 제2018-000146호(2018년 1월 23일)
주소 04091 서울시 마포구 토정로 222 한국출판콘텐츠센터 319호 (신수동)
전화 (02)719-7735 | **팩스** (02)719-7736
이메일 onobooks2018@naver.com | **블로그** blog.naver.com/onobooks2018
값 16,000원
ISBN 979-11-7043-352-1 03320